Module 1

A1

Ikumi Waragai

Andreas Meyer

Tatsuya Ohta

Deutsch für Studierende in Japan

ASAHI Verlag

音声ストリーミング・補足教材ダウンロード

https://text.asahipress.com/free/german/module1/

音声ダウンロード

 音声再生アプリ **「リスニング・トレーナー」**

朝日出版社開発の無料アプリ、「リスニング・トレーナー（リストレ）」を使えば、教科書の音声をスマホ、タブレットに簡単にダウンロードできます。

まずは「リストレ」アプリをダウンロード

≫ **App Store**はこちら   ≫ **Google Play**はこちら

▼ アプリ【リスニング・トレーナー】の使い方

① アプリを開き、「**コンテンツを追加**」をタップ

② QR コードをカメラで読み込む

③ QR コードが読み取れない場合は、画面上部に ｜ **25470** ｜ を入力し
「**Done**」をタップします

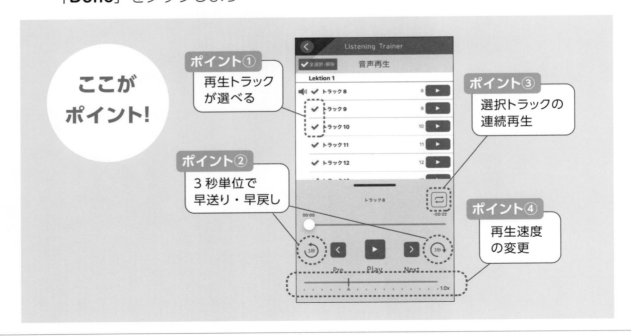

ここが
ポイント!

ポイント①
再生トラック
が選べる

ポイント②
3 秒単位で
早送り・早戻し

ポイント③
選択トラックの
連続再生

ポイント④
再生速度
の変更

ドイツ語圏略地図 （ ☐ はドイツ語使用地域）

まえがき

Module は、日本の大学でドイツ語を学ぶ学習者のためのドイツ語教材です。

Module は、学習者がドイツ語の文法規則や表現の意味を自ら発見し積極的に使用していけるよう導く作りになっています。したがって、学習者はリスニングやリーディングのテクストをすべて細かく理解しなければいけないわけではありません。むしろ、すべて理解しなくてもよく、言葉がまだ不完全であってもどんどん使ってみることの大切さを理解することに重きを置いています。

Module の各課にはテーマがあり、テーマに即したさまざまな文章を聞いたり読んだり、話したり書いたり、あるいは他の学習者とやりとりしたりする機会が豊富にあります。また、特定のテーマについて調べた結果を発表するプロジェクト課題も随所にあります。

Module での学びおいて大切なのは、協働学習です。協働学習とは、文字通り他の学習者とともに学ぶことですが、単に一緒に学ぶだけでなく、わかるところ、わからないことを共有しあったり、助けあったり、補いあったりするといったコラボレーションです。言語学習の目標は単にコミュニケーション能力の育成だけでなく、社会的能力や協働能力といった汎用的コンピテンシーの促進、ひいては民主的意識の涵養にあると著者チームは考えています。

Module で扱うテーマは、日常生活的なものから社会文化的なテーマまで、「大学生」ということを考慮したものとなっています。多様な人々が共生する現代社会の中で複数の言語を学ぶことの意味を考えるきっかけにしていただければ幸いです。

Module は、タイトルの通り、授業で使えるマテリアルを集めた「モジュール式」の構成になっています。必ずしも最初の課から順に「積み上げ式」に扱う必要はありません。

Module には、オンライン上での補助教材も用意されています。ぜひそちらも活用してください。

本教材の作成にあたっては特に Enrico Akamatsu さん、Anette Schilling さん、Olga Czyzak さん、Leopold Schlöndorff さん、佐藤友紀子さん、Stefan Brückner さん、鈴木友美加さんに、多大な助言・助力をいただきました。この場を借りて心より感謝申し上げます。

ドイツ語を学ぶ方々、教える方々が、本書を楽しく活用されますように。

著者一同

Vorwort

Module ist ein Lehrwerk für Studierende, die an Universitäten in Japan Deutsch lernen.

Module soll die Lernenden auf dem Weg begleiten, Grammatik und Wortschatz selbst zu entdecken und aktiv anzuwenden. Die Lernenden brauchen in Hör- und Lesetexten nicht jedes Detail zu verstehen; es geht vielmehr darum, dass sie verstehen, nicht alles verstehen zu müssen, und die Sprache auch dann anzuwenden, wenn der Output möglicherweise nicht fehlerfrei ist.

In *Module* hat jede Lektion ein übergreifendes Thema und bietet eine Auswahl damit zusammenhängender Materialien für Hören, Lesen, Sprechen, Schreiben und die Interaktion mit anderen Lernenden. Es gibt außerdem Projekte, die häufig Recherchen zu spezifischen Themen und Präsentationen einschließen.

Beim Lernen mit *Module* ist die kollaborative Arbeit wichtig. Kollaboration bedeutet nicht nur, gemeinsam mit anderen Lernenden zu arbeiten, sondern auch das eigene Wissen, Verständnis und Nicht-Verständnis mit Anderen zu teilen, einander zu helfen und sich gegenseitig zu ergänzen. Das Ziel des Sprachenlernens besteht nach Ansicht der Autor:innen nicht nur in der Entwicklung kommunikativer Kompetenz, sondern auch in der Förderung generischer Kompetenzen wie sozialer oder kollaborativer Kompetenz und schließlich in der Bildung eines demokratischen Bewusstseins.

Die in *Module* behandelten Themen reichen von alltäglichen bis hin zu soziokulturellen Themen und sind auf die Interessen von Studierenden heute abgestimmt. Die Autor:innen hoffen, dass die Arbeit mit dem Lehrwerk den Lernenden auch die Gelegenheit bietet, über die Bedeutung des Sprachenlernens in der globalisierten und diversifizierten Gesellschaft unserer Zeit nachzudenken.

Module ist, wie der Titel nahelegt, in einem ‚modularen' Format aufgebaut und stellt verschiedene Materialien für den Unterricht zur Verfügung. Es ist nicht erforderlich, die Kapitel und Aufgaben in der vorgegebenen Reihenfolge oder in Gänze zu behandeln.

Für *Module* stehen auch Online-Materialien zur Verfügung. Bitte nutzen Sie diese ebenfalls.

Wir möchten uns herzlich bei den Kolleg:innen bedanken, die uns bei der Erstellung unseres Lehrwerks großzügig unterstützt haben, insbesondere bei Enrico Akamatsu, Anette Schilling, Olga Czyzak, Leopold Schlöndorff, Yukiko Sato, Stefan Brückner und Yumika Suzuki. Ohne ihre wertvollen und inspirierenden Beiträge wäre dieses Lehrwerk nicht möglich gewesen.

Wir wünschen viel Spaß beim Deutschlernen und beim Unterrichten!

Das Autor:innenteam

Inhaltsverzeichnis

Grammatik 文法のポイント

Grammatik 文法のポイント

Lektion 1 *Ich komme aus Japan.*

Aufgabe 1

a) Wo sind die Leute? Was machen sie? 人々はどこにいて何をしているのでしょうか。

🔊 **b) Hören Sie ein Gespräch. Welche Bilder von 1a) passen zu dem Gespräch?** 会話を聴いてください。1a) の
1-02 画像に合う会話はどれでしょうか。

Bilder, die zum Gespräch passen（会話に合う画像）：＿＿＿＿＿＿＿＿＿＿＿

c) Ordnen Sie zu. Welches Bild passt zu welchem Wort? 線でつなげてみましょう。どの画像がどの語に合うでしょうか。

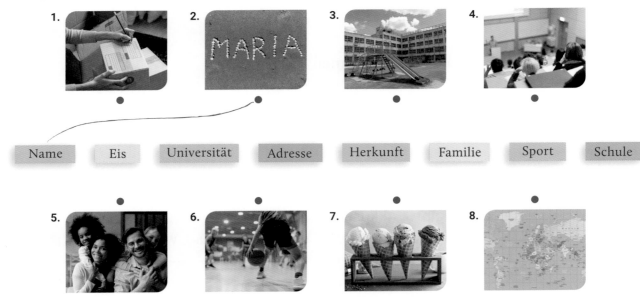

Name   Eis   Universität   Adresse   Herkunft   Familie   Sport   Schule

🔊 **d) Hören Sie nun das Gespräch noch einmal. Worüber sprechen die Leute? Markieren Sie die**
1-02 **passenden Wörter bei 1c).** 会話をもう一度聴いてください。人々は何について話しているのでしょうか。1c) に挙げられた
語のうち合うものをマークしましょう。

Aufgabe 2

a) Hören Sie das Gespräch noch einmal. Welche Satzteile aus dem Kasten passen in die Lücken?
会話をもう一度聴いてください。囲みの中のどの語句が空欄に合うでしょうか。

Lehrerin:	Wie ist Ihr Name?
Mai:	Mein Name ist Mai Sato.
Lehrerin:	Woher kommen Sie, Frau Sato?
Mai:	_____ Japan, aus Yokohama.
Lehrerin:	Schön, aus Japan. Und Sie? _____?
Paula:	Ich heiße Paula. Paula Sabatini. Ich komme aus Rom.
Lehrerin:	Aha. Sie kommen aus Italien. _____?
Osman:	Ich heiße Eismann Davala und _____.
Lehrerin:	Schön, Herr Davala.
Osman:	Nein. Eigentlich heiße ich Osman Davala, nicht Eismann. Aber ich esse wirklich gern Eis.

> Und Sie
> Ich komme aus
> esse gern Eis
> Wie heißen Sie

b) Ergänzen Sie die Tabelle mit Informationen aus dem Gespräch bei 1a) und Ihren eigenen Informationen. 1a) の会話と自分の情報を入れて表を完成させましょう。

					ich ↓
Vorname	Maria	Mai			
Familienname	Schäfer				
Stadt	Berlin		Rom	—	
Land	Deutschland			—	

c) Verbinden Sie die Fragen und die Antworten. 質問と答えを結びつけてみましょう。

Wie heißen Sie? ●   ● Ich komme aus Italien, aus Rom.
Woher kommen Sie? ●   ● Mein Name ist Mai Sato.
Was essen Sie gern? ●   ● Ich esse gern Eis.
                        ● Ich heiße Osman Davala.

Hören Sie zur Kontrolle und sprechen Sie dann nach.
聴いて確認し、後について発音しましょう。

d) Spielen Sie ähnliche Dialoge mit einer Partnerin/ einem Partner und ergänzen Sie Ihre eigenen Informationen.
同様の会話をパートナーと演じてみましょう。自分自身の情報を入れてください。

Aufgabe 3

🔊 **a) Hören Sie den Dialog. Welches Bild passt?** 会話を聴いてください。合うのはどちらの画像でしょうか。
1-05

A   **B**

🔊 **b) Hören Sie den Dialog noch einmal und verbinden Sie die Satzteile.** 会話をもう一度聴いて、語句を結びつけ
1-05 てください。

Osman	wohnen	aus Polen.
Agnieszka	kommt	zusammen.
Agnieszka und Mai	kommt	aus der Türkei.

🔊 **c) Welche Fragen aus dem Kasten passen in die Lücken? Ergänzen Sie und hören Sie dann noch**
1-06 **einmal zur Kontrolle.** 囲みの中のどの質問が空欄に合うでしょうか。補ってから、もう一度聴いて確かめてみましょう。

Osman: Ich bin Osman. _____?

Agnieszka: Ich heiße Agnieszka.

Osman: Entschuldigung, noch einmal, bitte.

Agnieszka: Agnieszka.

Osman: Agnieszka... _____?

Agnieszka: A - G - N - I - E - S - Z - K - A.

Osman: Ah, danke. _____?

Agnieszka: Aus Polen. Und du?

Osman: Ich komme aus der Türkei. _____ in München?

Agnieszka: In Schwabing.

> Wie schreibt man das
> Wo wohnst du
> Woher kommst du
> Wie heißt du

🔊 **d) Hören Sie zwei Gespräche und vergleichen Sie. Was ist der Unterschied?** 2つの会話を聴き、比較してみ
1-07 ましょう。違いは何でしょうか。

Dialog 1

O: Guten Tag. Mein Name ist Osman Davala.

M: Ich heiße Maria Schäfer. Woher kommen Sie, Herr Davala?

O: Ich komme aus der Türkei. Und Sie?

M: Ich komme aus Berlin.

O: Wohnen Sie hier in München, Frau Schäfer?

M: Ja, ich wohne hier.

Dialog 2

O: Hallo! Ich heiße Osman. Wie heißt du?

A: Mein Name ist Agnieszka. Woher kommst du, Osman?

O: Aus der Türkei. Und du?

A: Ich komme aus Polen.

O: Wohnst du hier in München, Agnieszka?

A: Ja, in Schwabing. Und du?

 Sehen Sie sich den Dialog noch einmal an und ergänzen Sie die Regel. 対話をもう一度見て、規則を表す下
の表の空欄を埋めてください。

Vorname   Familienname   Frau   Herr   du   Sie

formell	informell
Frau/ ____ + ____	Vorname

e) Sprechen Sie mit einer Partnerin/ einem Partner und stellen Sie sich vor. パートナーと話し、互いに自己紹介しましょう。

> Hallo! Mein Name ist ... Wie ...

> ...

名前と出身を言い、相手の出身を尋ねる

> ...

出身と住んでいる所を言い、相手に尋ねる

> ...

住んでいる所を言い、好きなものを言う

> ...

Aufgabe 4

🔊 1-08 **a)** Hören Sie das Alphabet und sprechen Sie nach. アルファベットを聴いて、後について発音しましょう。

A a	B b	C c	D d	E e	F f	G g	H h	I i	J j	K k	L l	M m	N n	O o	P p
[aː]	[beː]	[tseː]	[deː]	[eː]	[ɛf]	[geː]	[haː]	[iː]	[jɔt]	[kaː]	[ɛl]	[ɛm]	[ɛn]	[oː]	[peː]

Q q	R r	S s	T t	U u	V v	W w	X x	Y y	Z z	Ä ä	Ö ö	Ü ü	ß
[kuː]	[ɛr]	[ɛs]	[teː]	[uː]	[faʊ]	[veː]	[ɪks]	[ýpsilɔn]	[tsɛt]	[ɛː]	[øː]	[yː]	[ɛstsét]

b) Partnerarbeit: Buchstabieren Sie Ihre Namen. ペアワーク：互いに自分の名前の綴りを言ってください。

> Wie ist dein Vorname/ Familienname?
> Wie ist Ihr Vorname/ Familienname?

> Mein Vorname/ Familienname ist ...

> Wie schreibt man das?

> ...

綴りを言う

🔊 1-09 **c)** Welche Städte werden genannt? Schreiben Sie. どのような町の名が読み上げられているでしょうか。書き取ってみましょう。

1. _____
2. _____
3. _____
4. _____
5. _____
6. _____
7. _____
8. _____
9. _____
10. _____

Aufgabe 5

a) Lesen Sie Blog-Texte. Was verstehen Sie schon? Ergänzen Sie die Tabelle unten. ブログを読んでみましょう。すでにわかる部分があるのでは？　下の表を完成させてください。

A

Servus!

Ich bin Jannik aus Salzburg. Ich bin 23 und studiere Informatik hier an der Uni Salzburg. Ich mag Computerspiele und setze mich für die Umwelt ein.

Wer macht mit?

B

Hallo!

Mein Name ist Kate und ich komme aus Atlanta, USA. Ich studiere Germanistik und lerne Deutsch. Mein Freund kommt aus Berlin. Er studiert Architektur. Wir mögen beide deutsches Bier!

Bye!

C

Hallo!

Ich bin Thibaut, 19 Jahre, und komme aus Paris, aus Frankreich. Ich liebe Deutschland! Ich esse gern Bratwurst mit Sauerkraut.

Tschüs!

D

Hi!

Ich bin Ayla. Ich bin 20 Jahre alt und komme aus der Türkei. Jetzt wohne ich aber in Basel, in der Schweiz. Ich mag Anime und Manga. Meine Schwester auch. Sie heißt Selin und ist 17 Jahre alt.

Mögt ihr auch gerne Anime und Manga?

	Vorname	Herkunft	Wohnort	Freizeit
A	Jannik			
B			—	
C			—	
D				

b) Ergänzen Sie die Tabelle. Die Blogtexte von 5a) können helfen. 表を完成させましょう。5a) のブログの文章が助けになりますよ。

	wohnen	kommen	machen	studieren	sein
ich					
du					*bist*
er/es/sie					
Sie					*sind*

c) Schreiben Sie einen Blog-Text über sich selbst. 自分自身についてブログの文章を書いてみましょう。

d) Bilden Sie jetzt Gruppen. Lesen Sie dann still den Text von einer anderen Person in der Gruppe. Die anderen Gruppenmitglieder stellen Ihnen Fragen über diese Person. Beantworten Sie die Fragen. グループを作り、グループ内の他の人が書いた文章を声を出さずに読んでください。グループの他のメンバーがその人物について質問しますので、質問に答えましょう。

> *Wie heißt die Person?*

> *Woher kommt er? /*
> *Woher kommt sie?*

> *Er heißt Jean-Pierre und*
> *kommt aus Frankreich.*

Aufgabe 6

a) Die Zahlen 1 bis 20. Ordnen Sie zu. 1 から 20 までの数字です。あてはめてみましょう。

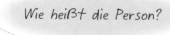

~~zwei~~ ~~drei~~ sechs fünfzehn vier dreizehn zwanzig achtzehn neun ~~zwölf~~
sieben elf ~~siebzehn~~ ~~zehn~~ neunzehn acht fünf ~~null~~ ~~vierzehn~~ sechzehn ~~eins~~

0	*null*	1	*eins*	2	*zwei*	3	*drei*	4	_____	5	_____
6	_____	7	_____	8	_____	9	_____	10	*zehn*		
11	_____	12	*zwölf*	13	_____	14	*vierzehn*	15	_____		
16	_____	17	*siebzehn*	18	_____	19	_____	20	_____		

🔊 1-10 Hören Sie zur Kontrolle und sprechen Sie nach. 聴いて確認し、後について発音してください。

b) Machen Sie Rechenaufgaben. 計算問題をやってみましょう。

> *Was ist zwei plus drei?*

> *Fünf!*
> *Was ist zwanzig minus eins? ...*

c) Raten Sie mal! Wie alt ist er? Wie alt ist sie? 推測しよう！彼／彼女は何歳でしょうか。

A   B   C   D   E   F

> *Wie alt ist Person A?*
> *Was meinst du?*

> *Ich glaube, sie ist dreizehn Jahre*
> *alt. Was meinst du? ...*

Aufgabe 7

a) Welche Grußformel passt zu welchem Bild? どの挨拶がどの画像と合うでしょうか。

1. *Guten Tag!* - Bild _____   2. *Guten Abend!* - Bild _____   3. *Guten Morgen!* - Bild _____

4. *Hallo!* - Bild _____   5. *Auf Wiedersehen!* - Bild _____   6. *Tschüs!* - Bild _____

🔊 **b) Sprechen Sie nach.** 後について発音しましょう。
1-11

🔊 **c) Hören Sie zwei Dialoge. Welcher Dialog passt zu welchem Foto?** 2つの会話を聴いてください。どの会話が
1-12 どちらの画像に合うでしょうか。

Dialog _____

Dialog _____

🔊 **d) Ergänzen Sie. Hören Sie dann noch einmal zur Kontrolle.** 空欄を埋めてください。その後、聴いて確かめてみま
1-12 しょう。

| Auf Wiedersehen! | Und Ihnen? | Guten Tag, Herr Müller. | Tschüs! | Wie geht's? |

Dialog 1

● Hallo, Tina. _____

▲ Danke, gut. Und dir?

● Super. Bis später. _____

💬

Sehr gut. / Super.
😊😊

Gut.   Es geht (so).
😊   😌

Dialog 2

● _____ Wie geht es Ihnen?

▲ Danke, gut. _____

● Auch gut, danke.

(...)

▲ Also dann, auf Wiedersehen!

● _____, Frau Stein.

e) Hören Sie zunächst einige Grußformeln und sprechen Sie nach. Begrüßen Sie sich dann gegenseitig in der Klasse. Spielen Sie auch „Lehrerin/ Lehrer" bzw. „Studentin/ Student". まず挨拶をいくつか聴いて、あとについて発音しましょう。その後、クラスの中で互いに挨拶してみましょう。「先生」と「学生」という設定でもやってみてください。

1-13

Guten Tag, Herr …!	Wie geht es …?
Hallo, …!	Wie …?
Grüß Gott, Frau …!	Servus!
Grüezi!	Ade!

Aufgabe 8

Sprechen Sie mit vier Partner:innen in der Klasse und sammeln Sie Informationen (Name, Alter, Herkunft, Wohnort etc.). Präsentieren Sie dann die Informationen einer neuen Partnerin/ einem neuen Partner. クラスの中の4人と話し、情報を集めましょう（名前、年齢、出身、住んでいるところ、など）。その後、別のパートナーに情報を伝えましょう。

Rückblick

Was haben Sie gelernt? Machen Sie Notizen in Ihrem Heft.
何を学びましたか。ノートにメモしましょう。

Wichtige Wörter（重要な単語）:

Wichtige Redemittel（重要な表現）:

Wichtige grammatikalische Strukturen（役に立つ文法）:

Neue, interessante Informationen / Landeskunde（新しい、興味深い情報 / 各国の事情）:

Sonstiges（その他）:

Vergleichen Sie mit anderen Lernenden!
他の学習者と比較してみましょう。

Lektion 2 *Das ist meine Familie.*

Aufgabe 1

a) Was sehen Sie auf den Bildern? Wer ist was? Sprechen Sie mit Ihrer Partnerin/ Ihrem Partner über die Fotos und ergänzen Sie die Tabelle. 画像には何が見えますか。誰がどんな人でしょうか。写真についてパートナーと話し、表を完成させましょう。

Mutter   Vater   Mann   Großeltern   Sohn   Söhne   Tochter   Töchter   Kind   Kinder

Foto A	ein Vater / eine Mutter / zwei
Foto B	Eltern / ein
Foto C	/ zwei Enkelkinder
Foto D	eine Frau / ein
Foto E	eine / drei
Foto F	eine Mutter / ein / eine / ein / ein Hund

b) Hören Sie die Gespräche und ordnen Sie zu. 会話を聴き、あてはめてみましょう。

1-14
1-15
1-16
1-17

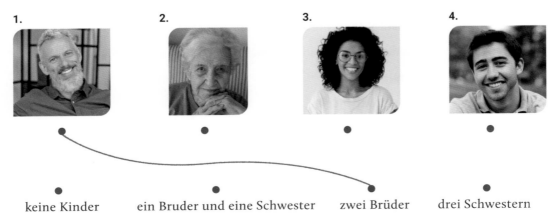

1.   2.   3.   4.

keine Kinder   ein Bruder und eine Schwester   zwei Brüder   drei Schwestern

Aufgabe 2

a) Ergänzen Sie die Dialoge mit den Wörtern aus dem Kasten. Sie können die Wörter mehrfach verwenden. 囲みの中の語を使って空欄を埋め、会話を完成させてください。 同じ語を何度使ってもかまいません。

1. ● Michael, hast du eigentlich _____?
   ▲ Ja. Ich habe _____. Paul ist _____, und Uwe ist älter.
   Er ist 55. Sie arbeiten im Ausland.

2. ● Frau Jorgensen, haben Sie eigentlich _____?
   ▲ Nein, wir haben keine _____. Aber ich habe drei Neffen und eine Nichte.

3. ● Du, erzähl mal. Wie ist denn das Leben mit drei _____?
   ▲ Sehr lustig und laut. Emma _____ sehr viel, Anna _____ ohne Pause und Sofie ist immer sehr laut.
   ● Tamara, du _____ auch immer sehr laut.

4. ● Guck mal. Das ist Stefanie, sie ist sieben. Und das ist Thomas.
   Er ist noch klein. Er ist erst _____ Jahre alt.
   ▲ Süß! Ich möchte mal bei dir vorbeikommen.

> zwei Brüder
> 5   50
> Schwestern
> Kinder   Geschwister
> spricht   sprichst

🔊 **Hören Sie jetzt und vergleichen Sie.** 今度は聴いて確かめましょう。
1-14
1-15
1-16
1-17

2

b) Ergänzen Sie. 空欄を埋めてください。

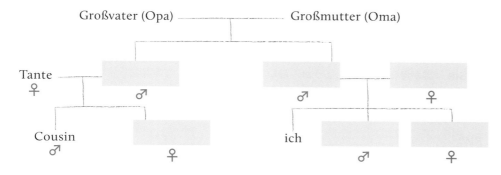

> Onkel
> Mutter   Vater
> Bruder
> Schwester
> Cousine

c) Ergänzen Sie die Tabelle. 表を完成させましょう。

ein Bruder	zwei Brüder	Geschwister
eine Schwester		

d) Sprechen Sie mit Ihrer Partnerin/ Ihrem Partner über Ihre Familie und Verwandten. 家族や親族について話しましょう。

> Hast du Geschwister?

> Ja. Mein Bruder Ken ist 18 Jahre alt und meine Schwester Anna ist 16. Und du?

> Ich habe keine Geschwister.

Aufgabe 3

a) Welches Bild passt zu welchem Wort? Ordnen Sie zu.
どの画像がどの語と合うでしょうか。結びつけてみましょう。

Freunde treffen schwimmen Fitnesstraining machen Computerspiele spielen tanzen Judo machen joggen Bücher lesen Filme sehen im Chor singen Klavier spielen Fußball spielen Baseball spielen

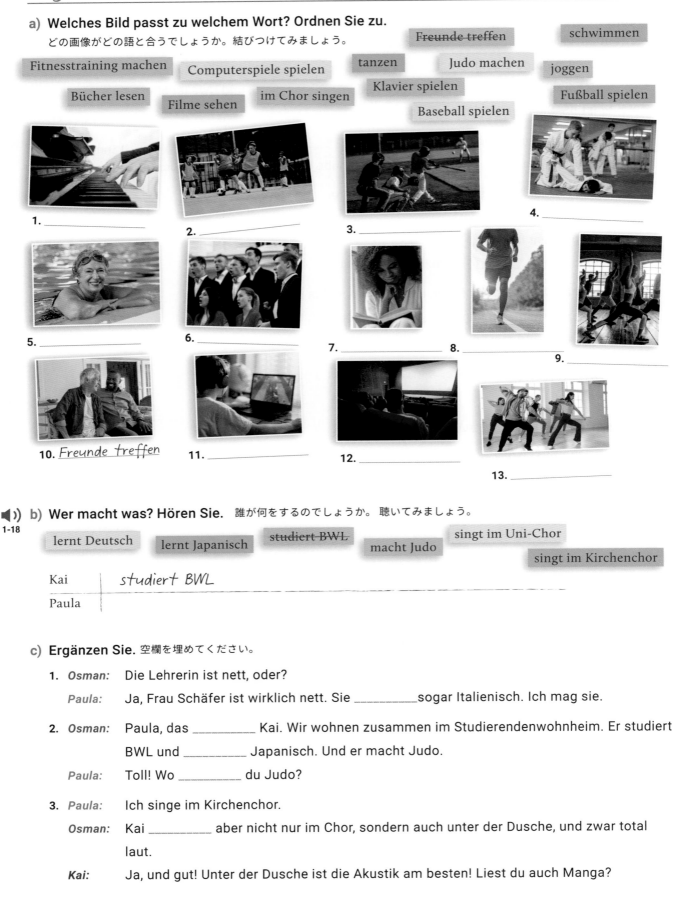

1. _____

2. _____

3. _____

4. _____

5. _____

6. _____

7. _____

8. _____

9. _____

10. *Freunde treffen*

11. _____

12. _____

13. _____

b) Wer macht was? Hören Sie. 誰が何をするのでしょうか。聴いてみましょう。

1-18

lernt Deutsch lernt Japanisch studiert BWL macht Judo singt im Uni-Chor singt im Kirchenchor

Kai	*studiert BWL*
Paula	

c) Ergänzen Sie. 空欄を埋めてください。

1. *Osman:* Die Lehrerin ist nett, oder?

   Paula: Ja, Frau Schäfer ist wirklich nett. Sie _____ sogar Italienisch. Ich mag sie.

2. *Osman:* Paula, das _____ Kai. Wir wohnen zusammen im Studierendenwohnheim. Er studiert BWL und _____ Japanisch. Und er macht Judo.

   Paula: Toll! Wo _____ du Judo?

3. *Paula:* Ich singe im Kirchenchor.

   Osman: Kai _____ aber nicht nur im Chor, sondern auch unter der Dusche, und zwar total laut.

   Kai: Ja, und gut! Unter der Dusche ist die Akustik am besten! Liest du auch Manga?

Hören Sie dann noch einmal und vergleichen Sie. もう一度聴いて確かめてみましょう。

1-18

d) Was machen Sie in Ihrer Freizeit? Sprechen Sie mit Ihrer Partnerin/ Ihrem Partner.

余暇に何をしますか。パートナーと話してみましょう。

> Was machst du gern in deiner Freizeit?

> Ich sehe gern Filme.
> Ich mag Aladdin von Disney.
> Und du? Was ...

> Ich ...

e) Ergänzen Sie die Tabelle, soweit Sie können. わかる範囲で空欄を埋めてみましょう。

	lernen	spielen	arbeiten	sprechen	lesen	essen	haben	sein
ich								
du				sprichst			hast	
er/es/sie			arbeitet		liest			
wir								
ihr								seid
sie (Plural)								
Sie								

f) Stellen Sie Ihre Familie vor. Zeigen Sie Fotos. 家族を紹介してください。写真を見せましょう。

mein Vater/ mein Bruder/ mein Onkel ...
meine Mutter/ meine Schwester/ meine Tante ...

> Wer ist das?
> Ist das deine Schwester?

> Nein. Das ist meine Mutter Anna. Sie kommt aus Wien und singt sehr gut.

> Schön. Und wer ist das?
> Ist das dein Bruder?

> Ja. Das ist mein Bruder Ken. Er wohnt in Nagoya und spielt gern Baseball ...

2

g) Ergänzen Sie. 空欄を埋めてください。

10 zehn   20 _____   21 einundzwanzig   22 _____

23 _____   24 vierundzwanzig   25 _____   26 _____

27 _____   28 _____   29 _____   30 dreißig

40 _____   50 _____   60 _____   61 einundsechzig

77 siebenundsiebzig   82 _____   95 _____   100 hundert

h) Hören Sie jetzt und markieren Sie die Akzente. Sprechen Sie nach.

1-19 今度は聴いてアクセントをマークし、後について発音しましょう。

i) Machen Sie Rechenaufgaben. 計算問題をやってみましょう。

> Was ist zwanzig plus dreißig?

> Fünfzig!
> Was ist hundert minus elf? ...

Aufgabe 4

a) **Kontinente und Länder. Ordnen Sie zu.** 大陸と国をあてはめてみましょう。

1. Asien	4. Nordamerika
2. Europa	5. Südamerika
3. Afrika	6. Australien

a. Japan	k. Frankreich
b. China	l. Italien
c. Südkorea	m. Spanien
d. Nordkorea	n. USA
e. Vietnam	o. Kanada
f. Deutschland	p. Argentinien
g. Österreich	q. Ägypten
h. Schweiz	r. Australien
i. Liechtenstein	s. Russland
j. Luxemburg	

b) **Sprachen. Sprechen Sie mit Ihrer Partnerin/ Ihrem Partner und ergänzen Sie die Tabelle.**
言語名です。パートナーと話し、表を完成させてください。

Englisch   Italienisch   Französisch   Chinesisch
~~Deutsch~~   Spanisch   Koreanisch   Japanisch   Arabisch

> Was spricht man in der Schweiz?
>
> Ich denke, da spricht man Deutsch, Französisch und ...

in der Schweiz	Deutsch,	in Argentinien	
in Kanada		in Luxemburg	
in Ägypten			

c) **Sehen Sie die Grafik zu Geburtenraten weltweit an und ordnen Sie den Ziffern die Weltregionen zu. Sprechen Sie mit Ihrer Partnerin/ Ihrem Partner.** 世界における出生率のグラフを見て、どの地域がどの記号にあてはまるか、パートナーと話してみましょう。

Afrika   Asien
Australien/ Ozeanien
Europa   Nordamerika
Lateinamerika/ Karibik

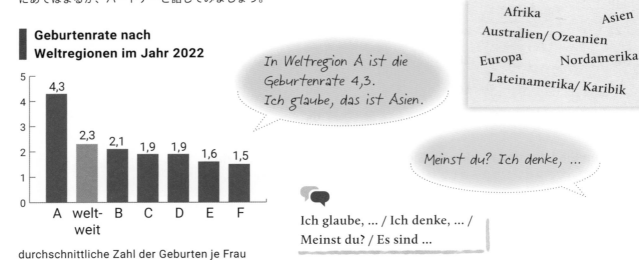

> In Weltregion A ist die Geburtenrate 4,3. Ich glaube, das ist Asien.
>
> Meinst du? Ich denke, ...

Geburtenrate nach Weltregionen im Jahr 2022

A: 4,3 | weltweit: 2,3 | B: 2,1 | C: 1,9 | D: 1,9 | E: 1,6 | F: 1,5

durchschnittliche Zahl der Geburten je Frau

Ich glaube, ... / Ich denke, ... / Meinst du? / Es sind ...

https://de.statista.com/statistik/daten/studie/1724/umfrage/weltweite-fertilitaetsrate-nach-kontinenten/

Aufgabe 5

a) **Ergänzen Sie die Lücken.** 空欄を埋めてみましょう。

In der Cafeteria

Paula: Und was _____ ihr denn so im Uni-Chor?

Kai: Meistens alte Musik, zum Beispiel Renaissance-Stücke aus Italien oder Frankreich.

Paula: Toll! _____ du auch Italienisch oder Französisch?

Kai: Nein, aber ich möchte Französisch lernen. Und ihr? _____ ihr Konzerte?

Paula: Ja, das nächste sogar bald! Nächsten Samstag in der Frauenkirche. _____ du mir deine E-Mail-Adresse? Ich schicke dir die Info.

Kai: Oh, danke schön! Dann _____ ich gerne mal zum Konzert.

Paula: Kommt Osman vielleicht auch?

Kai: Hm, ich weiß nicht... Ich denke, er _____ lieber zu Hause Eis.

Paula: (lacht) Na gut, _____ du auch auf Social Media? Hier _____ mein QR-Code.

Kai: Oh, danke! Ich freue mich auf Samstag.

> bist   singt
> komme   sprichst
> gebt   ist
> isst   gibst

🔊 **1-20** **Hören Sie den Dialog und vergleichen Sie.** 会話を聴き、比べてみましょう。

b) **Vervollständigen Sie jetzt die Tabelle bei 3e).** 3e) の表を完成させてください。

c) **Sehen Sie das linke Formular an. Füllen Sie das Formular rechts mit Ihren eigenen Informationen aus.** 左の書式を見て、右の書式に自分の情報を書き込みましょう。

Antrag auf die Bibliothek-Benutzung

Familienname: *Schubert*
Vorname: *Ludwig*
Geburtsdatum: *23. 9. 2004*
Matrikelnummer: *2022fg3111*
Studienfach: *Germanistik*
Geschlecht: ☐ weiblich
☒ männlich
☐ divers
E-Mail-Adresse: *ludwig.schubert@ls.jp*
Telefonnummer: *012 345 6789*
Adresse: *Voigtstraße 5, 80111 München*

Antrag auf die Bibliothek-Benutzung

Familienname: _____
Vorname: _____
Geburtsdatum: _____
Matrikelnummer: _____
Studienfach: _____
Geschlecht: ☐ weiblich
☐ männlich
☐ divers
E-Mail-Adresse: _____
Telefonnummer: _____
Adresse: _____

Aufgabe 6

a) **Eine Lieferadresse. Ergänzen Sie.** 送付先の住所です。空欄を埋めましょう。

Stadt Land Straße Vorname Hausnummer Postleitzahl Familienname

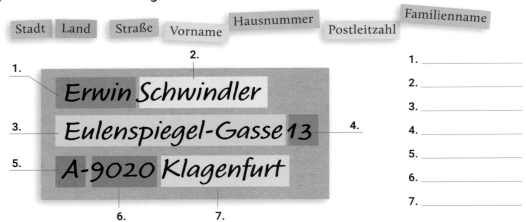

1. Erwin Schwindler
2.
3. Eulenspiegel-Gasse 13
4.
5. A-9020 Klagenfurt

1. _____
2. _____
3. _____
4. _____
5. _____
6. _____
7. _____

b) **Hören Sie jetzt den Dialog und ergänzen Sie die Lücken.** 会話を聴き、空欄を埋めてください。

1-21

● Was ist das? Ist das _____ Adresse?

▲ Nein, das ist _____ Name, _____ Familienname.

● Und das? Ist das _____ Land?

▲ Ja, genau.

● Ist _____ Land Deutschland?

▲ Nein, das ist Österreich. A steht für Österreich, D für Deutschland, CH für die Schweiz.

● Und das ist _____ Stadt?

▲ Richtig. _____ Stadt Klagenfurt ist im Süden von Österreich.

c) **Ergänzen Sie die Tabelle. Vergleichen Sie mit dem Englischen.** 表を埋め、英語と比較してみましょう。

maskulin (m)	neutral (n)	feminin (f)
der Name	_____ Land	_____ Stadt
（英語： _____ name)	（英語： _____ country)	（英語： _____ city)
_____ Name	_____ Land	*eine* Stadt
（英語： _____ name)	（英語： _____ country)	（英語： _____ city)

相手にとって既知なら定冠詞、相手と共有されていない情報には不定冠詞を使います。

d) **Was ist das? Vorname, Familienname, Adresse, Stadt oder Land? Raten Sie.** 次のものは名か姓か、通りの名か町の名か国の名か、推測してみましょう。

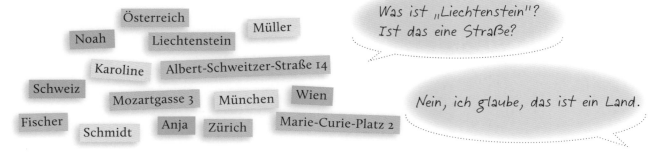

Österreich   Müller   Noah   Liechtenstein   Karoline   Albert-Schweitzer-Straße 14   Schweiz   Mozartgasse 3   München   Wien   Fischer   Schmidt   Anja   Zürich   Marie-Curie-Platz 2

Was ist „Liechtenstein"? Ist das eine Straße?

Nein, ich glaube, das ist ein Land.

Aufgabe 7

🔊 **a)** Drei Jugendliche zeigen Fotos ihrer Familie auf dem Handy. Welches Foto passt zu welcher
1-22
1-23 Familie? Hören Sie und ordnen Sie zu. 3人の若者が携帯の家族写真を見せています。どの写真がどの家族で
1-24 しょうか。聴いて、あてはめてみましょう。

1. Maxi _____ **2.** Tanja _____ **3.** Salia_____

🔊 **b)** Hören Sie noch einmal und sprechen Sie über Ihre Vermutung mit Ihrer Partnerin/ Ihrem
1-22
1-23 Partner. もう一度聴き、推測をパートナーと話してください。
1-24

> *Ich glaube, das ist Tanjas Familie.*

> *Stimmt. Und ich glaube, das sind Maxis Großeltern.*

Aufgabe 8

Wer macht was in der Familie? Machen Sie Interviews in der Gruppe und präsentieren Sie dann die Informationen in der Klasse. 家族の中で誰が何をしているでしょうか。グループの中でインタビューをして、その後、結果をクラスでプレゼンテーションしましょう。

Wer kocht in deiner Familie?
Wer putzt das Bad?
Wer macht die Wäsche?
Wer geht einkaufen?

nie	selten	manchmal		oft	fast immer	immer
0%						100%

mein/ dein Vater
meine/ deine Mutter
mein/ dein Bruder
meine/ deine Schwester

> *Wie ist es bei euch? Wer kocht?*

> *Mein Vater kocht immer.*
> *Meine Mutter kocht selten.*
> *Und bei euch?*

Rückblick

Was haben Sie gelernt? Machen Sie Notizen in Ihrem Heft.
何を学びましたか。ノートにメモしましょう。

Wichtige Wörter (重要な単語):

Wichtige Redemittel (重要な表現):

Wichtige grammatikalische Strukturen (役に立つ文法):

Neue, interessante Informationen / Landeskunde (新しい、興味深い情報 / 各国の事情):

Sonstiges (その他):

Vergleichen Sie mit anderen Lernenden!
他の学習者と比較してみましょう。

Lektion 3 *Was kostet der Spargel?*

Aufgabe 1

a) Sehen Sie den Supermarkt-Prospekt an: Was sehen Sie auf den Bildern? Ordnen Sie zu. スーパーマーケットの広告には何が掲載されていますか。画像と合うものを選びましょう。

Supermarkt Schwindler – jeden Tag billig!

a)   b)   c) Spargel grün   d)   e)   f)   g)   h)   i)   j)   k)   l)   m)

Kartoffeln – 2,5 kg-Packung: 2,99 €

Bier – 6 Flaschen: 3,99 €

Spargel grün (Italien) – 500 g: 4,39 €

Butter – 250 g: 1,39 €

Spargel weiß (Deutschland) – 500 g: 10,99 €

Mineralwasser (mit oder ohne Kohlensäure) – Kiste (12 Flaschen): 3,99 €

Wurst (Aufschnitt) – 100 g: 1,09 €

Emmentaler-Käse am Stück – 400 g: 3,99 €

Schokolade – 100 g-Packung: 0,99 €

Erdnüsse – 200 g-Dose: 0,99 €

Joghurt (Vanille, Kirsche, Erdbeer, Heidelbeer) – 150 g-Becher: 0,99 €

Kartoffelchips – 150 g-Tüte: 1,99 €

fettarme Milch – 1 l-Packung: 1,29 €

b) Wo finden Sie die folgenden Mengenangaben und Verpackungen im Prospekt? Markieren Sie.
次の品物の量やパックについて広告のどこに記載されていますか？ 印をつけましょう。

r Becher, -: Bild _____   e Flasche,-n: Bild _____   e Packung,-en: Bild _____   e Dose,-n: Bild _____

e Kiste,-n: Bild _____   e Tüte,-n: Bild _____   s Stück,-: Bild _____   r Liter, -: Bild _i_   s Kilo: Bild _____

🔊 1-25 c) Hören Sie das Gespräch von Aya und Bea im Supermarkt. Welche Produkte aus dem Prospekt bei 1a) hören Sie? Machen Sie Notizen. スーパーマーケットにいる Aya と Bea の会話を聴いて、1a) の広告の、どの商品について話しているのかメモしてください。

Aufgabe 2

🔊 1-25 a) Lesen Sie die Fragen zum Dialog. Hören Sie dann den Dialog noch einmal und kreuzen Sie die richtigen Antworten an. 次の質問を読んで、会話を再度聴き、正しいものを選んでください。

1. Wo ist Beelitz?   In Deutschland. ☐   In Spanien. ☐
2. Woher kommt der billige Spargel?   Aus Deutschland. ☐   Aus Spanien. ☐
3. Welchen Spargel kaufen Aya und Bea?   Den Spargel aus Deutschland. ☐
                                                Den Spargel aus Spanien. ☐
4. Was kostet der Spargel?   100 Gramm kosten € 2,20. ☐
                                                100 Gramm kosten € 2,12. ☐
5. Wie viel Spargel kaufen sie?   500 Gramm. ☐   400 Gramm. ☐
6. Was brauchen sie noch?   Milch. ☐   Zucker. ☐
7. Wer kocht?   Aya. ☐   Bea. ☐   Beide zusammen. ☐

b) Ordnen Sie die Textschnipsel zu einem Dialog. 会話に沿って並べてください。

A: Bea, wo gibt es denn hier Spargel?

A: Übrigens, wer kocht heute Abend?

A: Welchen nehmen wir?

A: Beelitz...?

A: Oh. Der ist ja weiß! In Japan ist der Spargel meistens grün.

A: Ach so. Was meinst du?

A: Und der aus Beelitz?

A: Wie viel kostet der?

A: Wow. Dann lieber den aus Spanien. Wie viel brauchen wir?

A: Okay. Was brauchen wir noch?

A: Mmh. Wir kochen zusammen, okay?

A: Keine Butter?

B: 100 Gramm kosten 2,20 Euro.

B: Du Aya, kannst besser kochen.

B: Den aus Spanien? Oder möchtest du lieber den aus Beelitz?

B: Kartoffeln, Milch...

B: In Deutschland ist er meistens weiß.

B: Beelitz ist in Deutschland, in der Nähe von Berlin.

B: Beide sind gut. Der Spargel aus Spanien ist billiger.

B: Der ist teuer, da kosten 100 Gramm 3,99 Euro.

B: Doch, Butter auch.

B: Da, schau mal. Neben den Tomaten.

B: 500 Gramm.

Aya (A): Bea, wo gibt es denn hier Spargel? – Bea (B): Da, schau mal. Neben den Tomaten.
A: ...

3

🔊 **1-25** Hören Sie den Dialog zur Kontrolle. Überprüfen Sie dann Ihre Antworten bei 2b). 最後にもう一度聴いて 2b) の答えを確認しましょう。

c) Wie schreibt und sagt man die Preise auf Deutsch? Ergänzen Sie. ドイツ語では値段をどう表記して、どのように言いますか。下線部を補ってください。

Man schreibt:	Man sagt:
1. _____	*zwei Euro neunundzwanzig* **oder** *zwei – neunundzwanzig*
2. 3,15 €	_____ oder _____
3. _____	*neunundneunzig Cent*
4. 15,40 €	_____ oder _____
5. 0,85 €	_____

🔊 **1-26** Hören Sie zur Kontrolle. 聴いて答えを確認してください。

Aufgabe 3

a) Lesen Sie die Sätze aus dem Dialog und vermuten Sie: Warum steht bei Nr.1 „der" und bei Nr.2 „den"? Was ist der Unterschied? 会話の一部を読み、推測してみましょう。なぜ1では der、2では den なのでしょうか。違いは何ですか。

1. **Aya:** Oh. Der Spargel ist ja weiß! In Japan ist der Spargel meistens grün.
   Bea: In Deutschland ist er meistens weiß.

2. **Aya:** Welchen nehmen wir?
   Bea: Den Spargel aus Spanien? Oder möchtest du lieber den aus Beelitz?

1格 (Nominativ) は日本語で主語の「... は」にほぼ相当します。 4格 (Akkusativ) は「... を」にほぼ相当します。冠詞や代名詞は、文中の「格」に合わせて変化します。センテンスの中で主語になるのは大抵1格で、直接目的語になるのは大抵の場合4格です。その場合の動詞は haben, brauchen, möchten, kaufen, essen, trinken, kosten などです。男性名詞の場合、4格になると冠詞の形が変わります。

Der bestimmte Artikel im Nominativ und Akkusativ. 定冠詞の1格・4格

		m	n	f	Plural
1格	... ist teuer.	Der Apfel ...	Das Radieschen ...	Die Banane ...	Die Trauben sind teuer.
4格	Ich kaufe ...	den Apfel.	das Radieschen.	die Banane.	Ich kaufe die Trauben.

b) **Ergänzen Sie die Artikel und Pronomen.** 冠詞と代名詞を補いましょう。

1. ● Sind _____ Bananen hier von den Philippinen?

   ▲ Nein, _____ Bananen kommen aus Costa Rica.

   ● _____ sind sehr gut.

2. ● Schau mal, _____ Spargel kaufen wir, _____ kostet nur 3 € pro Kilo.

   ▲ Das ist billig. Woher ist _____ Spargel?

   ● _____ ist aus Polen.

3. ● Isst du _____ Apfel hier nicht zu Ende?

   ▲ Nein, _____ ist zu sauer.

Aufgabe 4

Ordnen Sie die Wörter im Kasten den Bildern zu. Ergänzen Sie andere Wörter, die Sie wichtig finden.
囲みの中にある食べ物を表に当てはめてみましょう。他にもあなたが重要だと思う語彙を表に埋めてください。

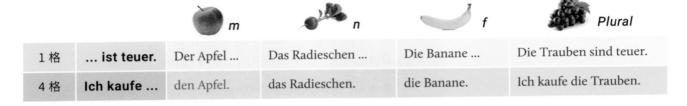

r Apfel, Äpfel | r Joghurt, -s | r Broccoli, - | r Rotkohl | r Weißkohl | s Brot, -e | s Brötchen, -

s Radieschen, - | s Öl (e Flasche, -n) | e Schokolade, -n | e Grapefruit, -s | e Karotte, -n | e Tomate, -n

e Kartoffel, -n | s Glas Marmelade (Gläser) | r Rettich, -e | e Paprika, —

	maskulin		neutral		feminin
	r Weißkohl				
			s Brötchen, -		
	r Rettich, -e				e Paprika, -
			s Glas Marmelade		

食材に関する語彙表現には、日本語や英語と似たものがたくさんあります。

例）e Mango, -s / e Orange, -n / e Aprikose, -n / e Kiwi, -s / e Melone, -n /
　　e Zucchini, -s / r Sellerie, - / e Avocado, -s / r Toast, -s / r Wein / s Sushi / ...

🔊 **Hören Sie die Wörter aus der Tabelle und aus dem Kasten. Sprechen Sie nach.** 表と囲みの語彙を聴いて、
1-27　後について発音しましょう。

名詞の複数形については、教材の中でその都度、単語と一緒に覚えていきましょう。

Aufgabe 5

🔊 **a) Hören Sie einen Dialog auf dem Markt. Was kauft der Kunde? Mehrfache Antworten sind**
1-28　**möglich.** 市場での会話を聴いてみましょう。お客は何を買っていますか。複数の回答が可能です。

Avocado ☐　　Broccoli ☐　　Kartoffeln ☐　　Chips ☐

🔊 **b) Lesen Sie den Dialog kontrollieren Sie.** 市場での会話を聴き、パートナーと声に出して読んでください。
1-28

Verkäuferin:	Was darf es sein?
Kunde:	Ich möchte eine Avocado und einen Broccoli.
Verkäuferin:	Sonst noch etwas?
Kunde:	Ja, ein Kilo Kartoffeln, bitte.
Verkäuferin:	Tut mir leid, wir haben keine Kartoffeln.
Kunde:	Alles klar. Das ist dann alles.
Verkäuferin:	Das macht 4,45 €. Möchten Sie eine Tüte?
Kunde:	Nein, danke. Hier bitte, 10 €.
Verkäuferin:	Und 5,55 € zurück. Danke schön. Auf Wiedersehen.
Kunde:	Wiedersehen. Schönen Tag noch.
Verkäuferin:	Ebenfalls!

🔍 **c) Überlegen Sie mit einer Partnerin/ einem Partner: Was bedeutet „keine"? Wie sagt man das auf Englisch und Japanisch?** パートナーと考えてみましょう。keine はどんな意味でしょうか。英語や日本語ならどう言いますか。

kein- は名詞にかぶせて否定を表す否定冠詞です（例：eine Avocado → keine Avocado）。
不定冠詞 ein- も否定冠詞 kein- も男性4格で語尾が変化します。

不定冠詞

		m	*n*	*f*	*Plural*
1格	**Das ist ...**	ein Apfel.	ein Radieschen.	eine Banane.	Das sind (-) Trauben.
4格	**Ich kaufe ...**	einen Apfel.	ein Radieschen.	eine Banane.	Ich kaufe (-) Trauben.

否定冠詞

1格	**Das ist ...**	kein Apfel.	kein Radieschen.	keine Banane.	Das sind keine Trauben.
4格	**Ich kaufe ...**	keinen Apfel.	kein Radieschen.	keine Banane.	Ich kaufe keine Trauben.

d) Nominativ oder Akkusativ? Bestimmter Artikel, unbestimmter Artikel oder Negativartikel? Ergänzen Sie den Text. 定冠詞、不定冠詞、否定冠詞の1格か4格を補って文書を完成させましょう。

Herr Gourmand isst gern gut und gesund. Heute möchte er _____ Salat machen, aber er hat _____ Gemüse zu Hause. Also geht er in den Supermarkt „Premier". _____ Salat kostet heute nur 0,99 €. Das ist billig. _____ Paprika sind sehr schön, aber er kauft _____ Paprika. _____ Paprika kostet 1,99 €, das ist sehr teuer. Er nimmt lieber _____ Karotte und _____ Tomate. _____ Karotte ist ganz billig, sie kostet nur 0,20 €. Was braucht er noch? Vielleicht _____ Broccoli? _____ Broccoli ist heute im Sonderangebot, ein Stück kostet nur 1,20 €. Jetzt braucht er nur noch _____ Flasche Öl, dann hat er alles.

Sonderangebot お買い得品

🔊 1-29 **Hören Sie zur Kontrolle.** 内容を聴いて答えを確認してください。

e) Ergänzen Sie die Tabelle. 表を補いましょう。

möchten　möchten　möchten　möchten　~~möchte~~　möchte　möchtet　möchtest

ich			wir	
du			ihr	
er/es/sie	*möchte*		sie	
Sie			Sie	

f) Ergänzen Sie *möchte* und *haben* in der passenden Form. *möchte* と *haben* を適切な形で補いましょう。

Kundin: Hallo! Ich _____ eine Prepaid-Karte für mein Smartphone.

Verkäuferin: Welche Karte _____ du denn?

Kundin: Eine Eurofon-Karte für 15 €, bitte.

Verkäuferin: Bitte schön. Und hier ist die Nummer zum Aufladen.

Kundin: Danke. _____ ihr auch Wasser? Eine kleine Flasche?

Verkäuferin: Klar, _____ wir. Mit Kohlensäure oder ohne?

Kundin: Ohne, bitte.

Verkäuferin: Das macht dann zusammen 16,20 €.

Kundin: Bitte schön.

Verkäuferin: 100 €? Das kann ich nicht wechseln. _____ du es nicht kleiner?

Kundin: Moment ... doch, hier _____ ich noch einen Zwanziger.

Verkäuferin: Super. Und 3,80 € zurück.

Kundin: Danke. Tschüs!

Verkäuferin: Ciao.

🔊 1-30 **Hören Sie den Dialog zur Kontrolle.** 最後に会話を聴いて確認してください。

g) Markieren Sie in den Dialogen von 5b) und 5f) alle für ein Einkaufsgespräch wichtigen Redemittel und ergänzen Sie die Tabelle. 5b) と 5f) の会話文で買物時に重要な表現をマークして表に書き入れてみましょう。

Verkäufer:in	Kundin/ Kunde
Was darf es sein?	*Ich möchte ...*

h) Schreiben Sie einen Einkaufsdialog mit einer Partnerin/ einem Partner und präsentieren Sie den Dialog in der Gruppe. Die Partner:innen hören: Was kauft die Kundin/ der Kunde? Was kostet alles zusammen? パートナーと買い物の場面を想定した会話をつくり、グループ内でプレゼンしてください。プレゼンを見る側の人は「お客は何を買い物しているのか」「全部でいくらになったのか」を聴き取ってください。

Aufgabe 6

a) Lesen Sie den Abschnitt aus dem Dialog bei 1c). 1c) の会話の一部です。読んでください。

Aya: Okay. Was brauchen wir noch?

Bea: Kartoffeln, Milch...

Aya: Keine Butter?

Bea: Doch, Butter auch.

Was bedeutet der letzte Satz von Bea? Bea の最後の発言の意味は下記のどれですか？

1. Wir brauchen Butter. ☐   **2.** Wir brauchen keine Butter. ☐

„kein-" や „nicht" を使った否定を含む疑問文に対する返事は、「〜じゃないのですか？」に対して「その通り、〜じゃないですよ」なら „Nein"、「いいえ、そんなことはないですよ」なら „Doch" になります。

b) Ergänzen Sie. 下線部を補いましょう。

1. ● Wir haben kein Brot.

   ▲ _____, ich habe gestern im Supermarkt Brot gekauft.

2. ● Brauchen wir für Spaghetti Bolognese frische Tomaten?

   ▲ _____, Dosentomaten sind auch okay.

3. ● Kaufst du heute im Supermarkt ein?

   ▲ _____, ich muss für die Uni lernen. Ich habe keine Zeit.

4. ● Trinkst du keine Milch?

   ▲ _____, ich bin Veganer.

5. ● Isst du nicht gern Schokolade?

   ▲ _____, ich esse _____ Schokolade.

6. ● Kochst du nicht oft?

   ▲ _____, _____.

Aufgabe 7

a) **Überfliegen Sie den Text. Was ist das Thema?** テキストにざっと目を通してください。テーマは何でしょう。

    a. Tourismus   **b.** Einkaufen   **c.** Brot

1-31

„Oh nein – der Supermarkt hat schon geschlossen!"

Für Tourist:innen aus dem Ausland ist es oft ein Schock: Die meisten Geschäfte und Supermärkte in Deutschland sind am Sonntag und am späten Abend geschlossen. Die Öffnungszeiten in Deutschland sind heute zwar länger und flexibler als früher, aber in vielen anderen Ländern, zum Beispiel 5 in Asien, können die Menschen im Prinzip an jedem Tag und zu jeder Tageszeit einkaufen.

Die Regeln in Deutschland sind nicht überall gleich. In Großstädten wie Berlin oder Hamburg sind einige Supermärkte länger geöffnet, manche sogar bis 22 Uhr oder 0 Uhr. Außerdem gibt es Kioske und kleine Geschäfte, die am Abend lange offen haben. Sie sind aber oft teuer.   10

In kleinen und mittelgroßen Städten schließen die Geschäfte normalerweise schon um 18 oder 19 Uhr, am Sonntag sind sie geschlossen. Wenn man Glück hat, kann man am Bahnhof etwas einkaufen.

Warum sind die Regeln in Deutschland relativ streng? Natürlich gibt es die christliche Tradition, dass am Sonntag nicht gearbeitet wird. Viele Leute denken aber auch, es ist wichtig, dass 15 es einen Tag gibt, an dem alle frei haben. Am Sonntag unternimmt die Familie gemeinsame Aktivitäten, man trifft Freunde und Freundinnen etc.

Interessanterweise haben Bäckereien spezielle Regeln. Sie öffnen oft schon um 6 Uhr, auch 20 am Sonntag. Man sieht: Frisches Brot und frische Brötchen sind für die Menschen in Deutschland sehr wichtig, besonders am Wochenende. Da sind dann die 25 Regeln flexibel.

s Geschäft 店；Öffnungszeiten 営業時間；r Bahnhof 駅；streng 厳しい

b) Lesen Sie den Text und raten Sie: Was bedeuten die markierten Wörter auf Japanisch und Englisch? Ergänzen Sie die Tabelle. テキストを読んで推測してみましょう。ハイライトされた箇所の意味を日本語と英語で書いてください。

Deutsch	Englisch	Japanisch
meist-		
Sonntag		
geschlossen	closed	
länger (lang)		
können		
geöffnet, offen		
kann		
christliche Tradition		
denken		
Bäckerei		
Wochenende		

c) Lesen Sie die Aussagen 1-4 Steht das so im Text? Markieren Sie „R" für richtig oder „F" für falsch. 次の文を読んで、テキストの内容と合っているものには R、違っているものには F に×印をつけてください。

1. Tourist:innen gehen in Deutschland am Sonntag meistens einkaufen.   R F
2. In Deutschland sind die Öffnungszeiten in den Großstädten nicht so lang.   R F
3. Der Sonntag ist in Deutschland der Tag für private Aktivitäten.   R F
4. Die Regeln für Bäckereien sind nicht wie für andere Geschäfte.   R F

d) Wie finden Sie die Öffnungszeiten in Deutschland? ドイツのお店の営業時間についてどう思いますか。

Ich denke, ...

Das finde ich auch/ nicht.

Ich finde, ...

Rückblick

Was haben Sie gelernt? Machen Sie Notizen in Ihrem Heft.
何を学びましたか。ノートにメモしましょう。

Wichtige Wörter（重要な単語）:

Wichtige Redemittel（重要な表現）:

Wichtige grammatikalische Strukturen（役に立つ文法）:

Neue, interessante Informationen / Landeskunde（新しい、興味深い情報 / 各国の事情）:

Sonstiges（その他）:

Vergleichen Sie mit anderen Lernenden!
他の学習者と比較してみましょう。

Lektion 4 *Was machst du in deiner Freizeit?*

Aufgabe 1

a) Freizeitaktivitäten: Was kennen Sie schon? Was können Sie raten? Ordnen Sie zu. 余暇活動です。すでに知っているものは？ 推測できるものは？ あてはめてみましょう。

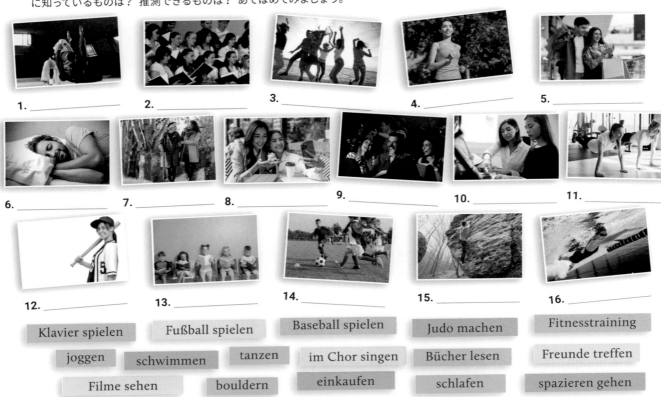

1. _____ 2. _____ 3. _____ 4. _____ 5. _____

6. _____ 7. _____ 8. _____ 9. _____ 10. _____ 11. _____

12. _____ 13. _____ 14. _____ 15. _____ 16. _____

Klavier spielen	Fußball spielen	Baseball spielen	Judo machen	Fitnesstraining
joggen	schwimmen	tanzen	im Chor singen	Bücher lesen	Freunde treffen
Filme sehen	bouldern	einkaufen	schlafen	spazieren gehen

b) **Was machen deutsche Jugendliche am liebsten in ihrer Freizeit? Raten Sie und ergänzen Sie die Grafik.** ドイツの若者は余暇に何をするのが好きでしょうか。推測し、グラフの空欄を埋めてみましょう。

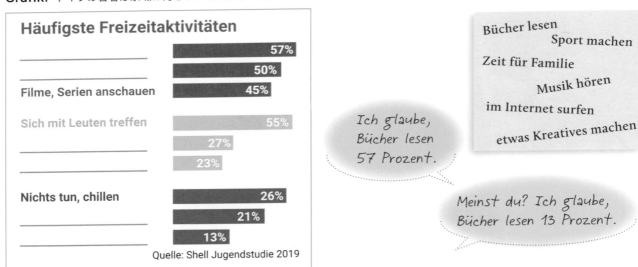

Häufigste Freizeitaktivitäten

_____ 57%
_____ 50%
Filme, Serien anschauen 45%
Sich mit Leuten treffen 55%
_____ 27%
_____ 23%
Nichts tun, chillen 26%
_____ 21%
_____ 13%

Quelle: Shell Jugendstudie 2019

https://www.shell.de/content/dam/shell/assets/en/business-functions/quality/careers/
shell-youth-study-infographic-leisure-frequent-leisure-activities.jpg

Bücher lesen
Sport machen
Zeit für Familie
Musik hören
im Internet surfen
etwas Kreatives machen

Ich glaube, Bücher lesen 57 Prozent.

Meinst du? Ich glaube, Bücher lesen 13 Prozent.

c) **Wie sieht die Situation in Japan aus? Stellen Sie in der Gruppe Vermutungen an. Schauen Sie dann im Internet nach, ob es Informationen gibt.** 日本の状況はどうでしょうか。グループで推測してみましょう。情報があるか、インターネットで調べてみましょう。

Aufgabe 2

🔊 **a)** Hören Sie zwei Dialoge. Wer macht was? Kreuzen Sie an und vergleichen Sie. 会話を2つ聴いてください。
1-32
1-33 誰が何をするのか、×印をつけ、比べてみましょう。

	Fußball	Tischtennis	Computerspiele	Karate	Schach	Kyudo
Kai	☐	☐	☐	☐	☐	☐
Kais Bruder	☐	☐	☐	☐	☐	☐
Kais Mutter	☐	☐	☐	☐	☐	☐
Kais Vater	☐	☐	☐	☐	☐	☐
Kais Schwester	☐	☐	☐	☐	☐	☐
Anna	☐	☐	☐	☐	☐	☐
Annas Bruder	☐	☐	☐	☐	☐	☐

Kai spielt ...

Genau. Und Kais Bruder ...

4

b) Lesen Sie die Werbeanzeigen verschiedener Gruppen. Welches Bild passt zu welchem Text?
いろいろな団体の活動募集を読んでください。どの画像がどの文章に合うでしょうか。

Die Big Band
Habt ihr Spaß am Musikmachen? Wollt ihr auch vor Leuten oder auf Festivals Jazz spielen oder gar singen? Dann macht mit! Wir warten auf euch!

1.

MA-Club
Manga- und Anime-Fans aufgepasst: Bei uns könnt ihr euch mit Gleichgesinnten austauschen. Teilt eure Liebe zu Manga und Anime mit uns!

2.

Aktion Brücke
Wir helfen Menschen auf der Flucht und erwarten von der deutschen Politik eine menschenwürdige Aufnahme von Personen, die aus ihrer Heimat fliehen mussten – aus Afghanistan, Syrien usw.

3.

Viktoria e.V.
Du hast Lust, eine neue Sportart kennenzulernen? Dann probier's doch mal mit Lacrosse! Dazu laden wir dich herzlich zu unserem Rookie-Training am 28.4.22 ein.

4.

A	B	C	D

c) Welche Hobbys und Aktivitäten werden in den Texten thematisiert? Markieren Sie die Schlüsselwörter.
どんな趣味や活動が話題になっているでしょうか。キーワードをマークしましょう。

d) Extremsport. Ordnen Sie zu. エクストリームなスポーツです。あてはめてみましょう。

Riesenwellen-Surfen   Sandboarding   Eisklettern   ~~Freiklettern~~

Tiefsee-Tauchen   Hai-Tauchen   Base-Jumping   Paragliding   Canyoning

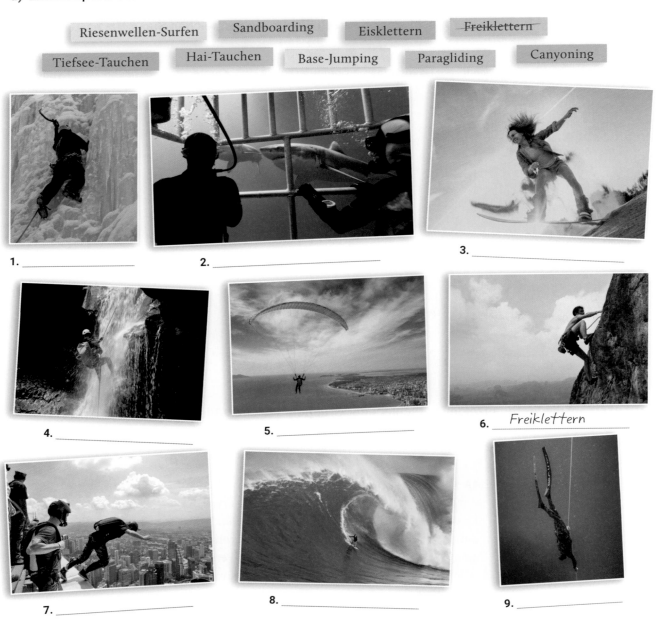

1. _____

2. _____

3. _____

4. _____

5. _____

6. _Freiklettern_

7. _____

8. _____

9. _____

e) Welche Sportart finden Sie interessant? Kennen Sie noch andere extreme oder verrückte Sportarten? Sprechen Sie mit einer Partnerin/ einem Partner. どのスポーツがおもしろいと思いますか。ほかにもエクストリームな、あるいはクレイジーなスポーツを知っていますか。パートナーと話しましょう。

> Paragliding,
> das möchte ich auch mal machen.
> Fliegen finde ich super.

> Wirklich? Ich nicht. Da habe ich Angst. Aber Tiefsee-Tauchen finde ich interessant. Ich möchte das auch mal probieren. Ich liebe Wasser und schwimme gern.

Das möchte ich auch mal machen. / Ich möchte das auch mal probieren.

Das finde ich …

Ich … (sehr / nicht so) gern …

Ich liebe …

Da habe ich Angst/ Panik.

Aufgabe 3

1-34
a) Was machen die drei jungen Leute in ihrer Freizeit? Lesen Sie die Liste. Hören Sie dann eine Radio-Reportage und kreuzen Sie an. 3人の若者は余暇にどんなことをするのでしょうか。下のリストを読んでから、ラジオのルポルタージュを聴き、該当する箇所に X 印をつけましょう。

	Leonie	David	Silan	keine/r
chillen	☐	☐	☐	☐
einkaufen	☐	☐	☐	☐
schlafen	☐	☐	☐	☐
Bücher lesen	☐	☐	☐	☐
Filme sehen	☐	☐	☐	☐

1-34
b) Ordnen Sie die Verbformen aus dem Kasten in den Lückentext ein. Hören Sie dann noch einmal und kontrollieren Sie. 囲みの中から動詞を選んで入れてください。その後でもう一度聴き、チェックしましょう。

Leonie: Sie __sieht__ gern Filme und _____ Bücher. Krimis, Thriller und so. Und damit ist sie nicht allein: Laut einer neuen Studie _____ viele junge Leute gerne: 21% gaben Bücherlesen als Hobby an. Noch mehr Jugendliche, nämlich 45%, _____ gerne Filme und Serien in ihrer Freizeit.

David: Er hat ein besonderes Hobby: _____. Am Wochenende _____ er mindestens 10 Stunden pro Tag.

Silan: Silan _____ am liebsten shoppen. Und wenn es mal nichts zum Einkaufen gibt, _____ er Fahrrad. _____ viele Jugendliche Fahrrad?

Sonstiges: In ihrer Freizeit _____ Jugendliche am liebsten Musik. Auf Platz 2 ist „Freunde treffen".

Kasten: sehen, schlafen, lesen, geht, fährt, liest, fahren, schläft, hören, ~~sieht~~

4

c) Unregelmäßige Verben. Ergänzen Sie die Tabelle. 不規則動詞です。表を完成させましょう。

	sehen	lesen	treffen	schlafen	fahren
ich	sehe			schlafe	
du					
er/es/sie			trifft		fährt
wir					
ihr		lest	trefft		
sie (Plural)				schlafen	
Sie					

d) Welche Hobbys haben Sie? Was machen Sie in Ihrer Freizeit? Sprechen Sie darüber mit einer Partnerin/ einem Partner. どんな趣味を持っていますか。パートナーと話してみましょう。

> Was machst du gern in der Freizeit?

> Ich spiele gern Geige und Flöte. Ich spiele im Studentenorchester. Und du?

> Ich spiele gern ... / Ich mache gern ... / Ich schwimme gern.

> Das mache ich nicht so gern... Fährst du gern Fahrrad?

Aufgabe 4

🔊 **a)** Hören Sie Dialoge. Ergänzen Sie die Personalpronomen im Nominativ oder Akkusativ. 会話を聴いて、
1-35
1-36
1-37
人称代名詞の1格または4格をあてはめてみましょう。

1. ● Wie findest du unsere Lehrerin?

   ▲ Ich finde _____ sehr nett. Ich mag _____.

   ● Meinst du? Hm, ich finde _____ nicht so nett.

   ▲ Tatsächlich? Warum?

2. ● Frau Weiß, wie finden Sie Herrn Mayer?

   ▲ Meinen Sie Erik Mayer? Ich finde _____ sehr sympathisch. Warum?

   ● Ich denke, _____ ist sicher gut als Moderator bei der Party morgen.

   ▲ Das finde ich eine gute Idee!

3. ● Oh, ist dein Handy neu?

   ▲ Ja! Das ist ganz neu.

   ● Und wie findest du _____? Ist _____ gut?

   ▲ Ja, sehr praktisch. Und _____ ist auch ganz leicht.

> sie
> ihn
> es
> er

b) Ergänzen Sie die Tabelle. 表を完成させてください。

Nominativ	Akkusativ
ich	mich
du	dich
er	
es	
sie	

c) Was sind die Gegensätze? Ordnen Sie zu. 反対語はどれでしょうか。あてはめてみましょう。

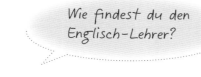

sympathisch _____
cool _____
attraktiv _____
dumm _____

nett/ freundlich _____
interessant _____
verrückt *normal*
locker _____

d) Sprechen Sie über Ihre Freundinnen/ Freunde, Bekannte oder bekannte Personen. Wie finden Sie sie? 友人、知人、有名人について話してください。その人たちのことをどう思いますか？

> *Wie findest du den Englisch-Lehrer?*

> *Ich finde ihn nett. Er ist sehr sympathisch.*

Ich finde sie sympathisch. ☺

Ich finde sie **nicht so** nett. ☹

Ich finde sie **gar nicht** nett. 👎

4

Aufgabe 5

a) Verschiedene Musikstile: Welche Musik hören Sie gern? Welche Ihre Eltern, Ihr Freund, Ihre Freundin etc.? Sprechen Sie in der Gruppe. いろいろな音楽：どんな音楽が好きですか。両親は？ 友人は？ グループで話してみましょう。

> *Welche Musik hörst du gern?/ Welche Musik hört ihr gern?*

> *Ich höre gern klassische Musik. Und du?*

Rock Popmusik Jazz ...

b) Stellen Sie Ihre Lieblingsmusikerin/ Ihren Lieblingsmusiker/ Ihre Lieblingsband vor. Woher kommt er/ sie? Was spielt er/ sie? etc. Sprechen Sie mit einer Partnerin/ einem Partner. 好きなミュージシャン（女性、男性、バンド）を紹介しましょう。その人はどこ出身で、何を演奏して（歌って）いますか。パートナーと話しましょう。

> *Ich mag Taylor Swift. Kennst du sie? Sie kommt aus ...*

（終わった人は）自分のだけでなく、友達の好きなミュージシャンも紹介してみましょう。

> *Wie findest du ...?*

> *Paula hört gern Jazz, aber Paulas Freund hört gern Rock. ...*

Aufgabe 6

🔊 1-38 **a)** **Lesen Sie den Text. Wer macht was in seiner Freizeit? Ergänzen Sie.** 次の文章を読んでください。余暇に誰が何をするでしょうか。空欄を埋めてみましょう。

> Ken und seine Familie sind am Wochenende sehr aktiv. Kens Vater singt jeden Sonntag in der Kirche. Seine Bass-Stimme ist sehr beeindruckend. Auch die Mutter von Ken ist am Sonntag unterwegs: In ihrer Freizeit macht sie viel Freiwilligen-Arbeit. Sie hilft bei einer NPO für Flüchtlinge, viele kommen aus Syrien, Afghanistan oder der Ukraine. Ken findet ihre Aktivität ganz toll und möchte eigentlich selber auch mitmachen. Aber er hat nicht so viel Zeit dafür, denn er ist 5 Student und hat bald schwierige Prüfungen. Darum lernt er viel. Außerdem macht er am Sonntag Aikido-Training. Das macht ihm viel Spaß. Kens Bruder Thomas hat auch ein besonderes Hobby: Er geht am Wochenende oft zum Bungee-Jumping. Ken findet seinen Bruder sehr mutig, aber er selbst würde nie Bungee-Jumping machen.

Ken: _____

Kens Vater: _____

Kens Mutter: _____

Kens Bruder: _____

b) **Lesen Sie den Text noch einmal. Korrigieren Sie die Sätze.** もう一度文章を読み、次の文を修正してください。

1. Kens Mutter ist am Sonntag nicht aktiv.

2. Ken ist Schüler. Seine Prüfungen sind nicht so schwierig.

3. Kens Vater spielt jeden Sonntag in der Kirche Kontrabass.

4. Thomas ist langweilig, aber sein Bruder macht gern Bungee-Jumping.

c) **Ergänzen Sie.** 文を完成させてください。

1. Das ist ___mein___ Vater und das hier ist _____ Schwester, also _____ Tante.

2. Das ist _____ Mutter und das da ist _____ Bruder, also _____ Onkel.

3. Das sind ___unsere___ Kinder: _____ Sohn Max und _____ Tochter Mia.

4. Ich kenne Julias Schwester sehr gut. Aber _____ Bruder kenne ich noch nicht.

> ● 英語の *my, your, his, its, her, their* などにあたる「所有冠詞」は以下の通りです：
> mein (< ich), dein (< du), sein (< er, es), ihr (< sie, sie), Ihr (< Sie), unser (< wir), euer (< ihr)
> ● 後続の名詞が女性名詞か複数名詞のときは、mein<u>e</u> Eltern のように -e がつきます。
> ● 後続の名詞が男性名詞４格のときは、mein<u>en</u> Opa のように -en がつきます。

d) **Wie finden Sie Kens Familie? Sprechen Sie mit Ihrer Partnerin/ Ihrem Partner. Sie können auch eine andere Familie thematisieren.** Ken の家族についてどう思いますか。パートナーと話してみましょう。他の人の家族を話題にしてもかまいません。

> Ich finde seine Mutter wunderbar. Sie hilft bei einer NGO.

> Ich finde das auch super. Aber ich finde seinen Bruder verrückt!

Aufgabe 7

a) Machen Sie eine Umfrage in der Klasse zum Thema Freizeit/ Hobby. Wer macht was? Wie oft? Wie lange? 余暇や趣味に関するアンケートをクラスでとってください。誰が何を、どれくらいの頻度で、どれくらいの時間、するでしょうか。

	ich	(Name)	(Name)	
Was?				
Wie oft?				
Wie lange?				

einmal / zweimal / 30 Minuten / eine Stunde / zwei Stunden / ...
+ pro Tag / pro Woche / pro Monat

b) Suchen Sie statistische Daten zu einem Thema aus dem Bereich „Freizeit" und stellen Sie die Ergebnisse als Grafik dar. Machen Sie dann eine Präsentation in der Klasse. 「自由時間」のカテゴリからテーマを選んで統計データを探し、結果を表すグラフを作り、クラスでプレゼンしてください。

Hallo. Ich mache eine Präsentation zum Thema ...
Hier ist eine Grafik.
70 Prozent machen in ihrer Freizeit ...
Nur zwei Studierende hören gerne ...
Vielen Dank fürs Zuhören.

Rückblick

Was haben Sie gelernt? Machen Sie Notizen in Ihrem Heft.
何を学びましたか。ノートにメモしましょう。

Wichtige Wörter（重要な単語）:

Wichtige Redemittel（重要な表現）:

Wichtige grammatikalische Strukturen（役に立つ文法）:

Neue, interessante Informationen / Landeskunde（新しい、興味深い情報 / 各国の事情）:

Sonstiges（その他）:

Vergleichen Sie mit anderen Lernenden!
他の学習者と比較してみましょう。

Lektion 5 *Um 9.30 Uhr fährt er zur Uni.*

Aufgabe 1

a) Ordnen Sie die Studienfächer den Bildern zu. Kennen Sie noch andere Studienfächer? Was ist Ihr Studienfach? 専攻と画像を組み合わせてみましょう。他にどんな専攻を知っていますか。あなたの専攻は何でしょうか。

~~Betriebswirtschaft~~　Informatik　Literaturwissenschaft　Chemie　Biologie　Physik　~~Jura~~

Design　Musikwissenschaft　Psychologie　Ingenieurwissenschaft　Soziologie

Geschichte　Geografie

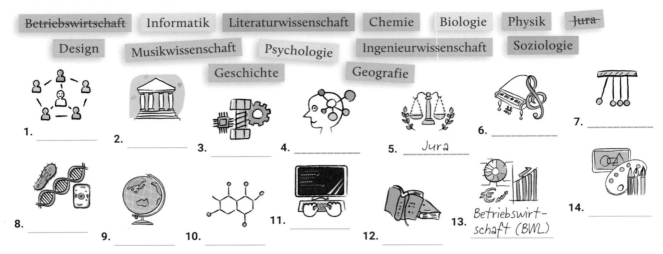

1. _____ 2. _____ 3. _____ 4. _____ 5. _Jura_ 6. _____ 7. _____

8. _____ 9. _____ 10. _____ 11. _____ 12. _____ 13. _Betriebswirt-schaft (BWL)_ 14. _____

🔊 **Hören Sie zur Kontrolle und sprechen Sie nach.** 最後に音声を聴いて、後について発音しましょう。
1-39

b) Sehen Sie den Stundenplan an. Was glauben Sie, was studiert dieser Student/ diese Studentin?
時間割を見て、この学生の専攻が何か考えてください。

	Mo	Di	Mi	Do	Fr
8.00-10.00					Statistik (Vorlesung)
10.00-12.00	Mathematik (Übung)			Mathematik (Vorlesung)	
12.00-14.00	Mikroökonomik (Vorlesung)	Financial Accounting (Vorlesung)	Mikroökonomik (Übung)		Informatik und Wirtschaft (Vorlesung)
14.00-16.00		Statistik (Übung)			
16.00-18.00					Mathematik (Tutorium)
18.00-12.00				Statistik (Tutorium)	

c) Wochentage auf Englisch und Deutsch. Raten Sie: Was passt? 曜日をドイツ語で何というでしょうか。
英語から推測してください。

Englisch:　**Deutsch:**

Monday　_____

Tuesday　_Dienstag_

Wednesday　_____

Thursday　_____

Friday　_____

Saturday　_____

Sunday　_____

Freitag　Samstag　Donnerstag　Sonntag　Mittwoch　~~Dienstag~~　Montag

e Woche, -n

Mo-Fr:　r Werktag, -e

Sa & So: s Wochenende, -n

🔊 **Hören Sie zur Kontrolle und sprechen Sie nach.** 最後に音声を聴いて、後について発音しましょう。
1-40

d) Sehen Sie noch einmal den Stundenplan bei 1b) an und hören Sie einen kurzen Dialog dazu. Über
1-41 welchen Tag sprechen die Studierenden? 1b) の時間割をもう一度見て、会話を聴いてください。学生たちは何曜日
について話していますか。

e) Tageszeiten: Ordnen Sie. 1日の流れに沿って並べてください。

am Morgen/ morgens   am Abend/ abends   gegen Mittag/ mittags

in der Nacht/ nachts   am Nachmittag/ nachmittags   ~~am Vormittag/ vormittags~~

_____ → am Vormittag/ vormittags → _____ →

_____ → _____ →

 Hören Sie zur Kontrolle und sprechen Sie nach. 最後に音声を聴いて、後について発音しましょう。
1-42

> am Abend = abends; am Morgen = morgens
> der Morgen = 朝; morgen = 明日

Aufgabe 2

a) Ein normaler Tag im Leben des Austauschstudenten Aki, der für ein Jahr an
der Uni Trier Politik studiert. Was passt? Ordnen Sie zu. Es gibt nicht für alle
Aktivitäten ein Foto. 1年間の交換留学で Trier 大学に来ている学生 Aki の日常の1日です。当てはまる
ものを表に沿って並べてください。全ての画像について説明文があるわけではありません。

~~aufstehen~~   mit dem Professor sprechen   im Campus-Laden einkaufen   in der Mensa mit Freunden zu Mittag essen   am Campus ankommen

im Seminar diskutieren   eine Politik-Vorlesung besuchen   im Seminar ein Referat/ eine Präsentation halten   in der Bibliothek Bücher ausleihen   frühstücken   duschen, Zähne putzen

in den Club gehen und feiern   im Studierenden-wohnheim kochen   eine Prüfung schreiben   zu Hause chillen und einen Film sehen   Freund:innen im Café treffen

| 8.00 Uhr | 8.10 Uhr | 9.50 Uhr | 10.00-11.30 Uhr | 12.00-13.30 Uhr |

aufstehen

| 13.45 Uhr | 15.00 Uhr | 15.30 Uhr | 16.30-18.00 Uhr |

🔊 **Hören Sie das Gespräch mit Aki und kontrollieren Sie.** Aki との会話を聴いて確認してください。
1-43

🔊 **b) Hören Sie 2a) noch einmal: Wie werden die Uhrzeiten gesprochen?**
1-43
　　もう一度 2a) を聴き、時刻表現を書き取ってください。

a. 8 Uhr: *acht*　　　　　　　　　　　f. 13.45 Uhr:

b. 9.50 Uhr: *zehn vor zehn*　　　　　g. 15 Uhr:

c. 10 Uhr:　　　　　　　　　　　　　h. 16.30 Uhr:

d. 12 Uhr:　　　　　　　　　　　　　i. 18 Uhr:

e. 13.30 Uhr:

> ドイツではいろいろな時間の言い方があります。
> ・フォーマルな時間表現（ニュース、駅、予約カレンダー等）
> 　　　→ „Es ist 19 Uhr." （0〜24 の数字を使う）
> ・インフォーマルな時間表現（友人や家族との会話等）
> 　　　→ „Es ist 7." （0〜12 の数字を使う）
> 　＊ „Es ist 7." という表現は、朝の 7 時と夜の 7 時の両方の場合に使えます。

 „Informelle Uhrzeit" インフォーマルな時間表現です。

c) **Ergänzen Sie die Tabelle.** 表を埋めてみましょう。

Man schreibt:	Man sagt formell:	Man sagt informell:
12 Uhr	Es ist zwölf Uhr.	Es ist zwölf.
0 Uhr	Es ist null Uhr.	
5.30 Uhr	Es ist fünf Uhr dreißig.	Es ist halb sechs.
17.30 Uhr	Es ist ▨.	
8.57 Uhr	Es ist ▨.	Es ist kurz vor ▨.
20.57 Uhr	▨.	
10.32 Uhr	▨.	Es ist kurz nach ▨.
22.32 Uhr	▨.	
11.20 Uhr	▨.	Es ist zwanzig ▨ elf. /
23.20 Uhr	▨.	(Es ist zehn vor halb ▨.)
4.40 Uhr	▨.	▨ /
16.40 Uhr	▨.	(Es ist zehn ▨.)
6.50 Uhr	▨.	▨
18.50 Uhr	▨.	

2.05 Uhr	....	....
14.05 Uhr	....	....
1.45 Uhr	....	....
13.45 Uhr	....	....
5.15 Uhr	....	....
17.15 Uhr	....	....

d) Sehen Sie sich noch einmal die Zeitleiste von Aufgabe 2a) an. Was macht Aki wann? Schreiben Sie.
2a) の 1 日の流れをもう一度見てみましょう。Aki は何をいつおこなうのでしょうか。書いてみましょう。

1. Um 8 Uhr *steht Aki auf.*
2. Um 9.50 Uhr ...
3. Von 10 Uhr bis 11.30 Uhr ...
4. Von 12 Uhr bis 13.30 Uhr ...
5. Um 13.45 Uhr ...
6. Gegen 15 Uhr ...
7. Um 15.30 Uhr ...
8. Von 16.30 bis 18 Uhr ...

e) Füllen Sie einige Sätze aus b) in die Tabelle ein. センテンスを b) から表に書き入れてみましょう。

	2番目		文末
Um 8 Uhr	steht	Aki	auf.
Um 9.50 Uhr			
Um 15.30 Uhr			

 分離動詞（aufstehen, einkaufen, ankommen, ausleihen etc.）は、現在形の文では、本動詞が 2 番目の位置に置かれ、前綴り（auf, ein, an, aus, mit etc.）は分離して文末に置かれます。

f) Schreiben Sie Sätze. 文をつくってみましょう。

1. anfangen / die Vorlesung / um 10 Uhr
   Um 10 Uhr fängt...
   Die Vorlesung fängt...

2. am Sonntagvormittag / wir / im Café / frühstücken
   ....
   ....

3. montags / Kei / schon um 6.30 Uhr / aufstehen
   ....
   ....

4. spielen / von 18.00-20.00 Uhr / Noah und seine Freunde / heute Abend / Basketball / beim Uni-Sport
   ....
   ....

5. Mohammed / seine Seminararbeit / morgen Nachmittag / abgeben
   ....
   ....

abgeben: 提出する

🔊 Hören Sie und vergleichen Sie. 最後に音声を聴いて答えを確認してください。
1-44

g) **Ergänzen Sie die Fragewörter.** 下線部に当てはめて疑問文をつくってください。

Wann   Wie lange   Von wann bis wann   Wo   ~~Wohin~~

Was   Wie   Wer   Mit wem   Worüber

1. ● _____ ist das? – ▲ Das ist Clayton, ein Austausch-Student aus den USA.

2. ● _____ isst du heute zu Mittag? – ▲ Mit Aki und Jeong. Wir gehen in die Mensa.

3. ● _*Wohin*_ gehst du? – ▲ Zuerst zu Frau Professor Scheible und dann in die Bibliothek.

4. ● _____ sprichst du bei deiner Präsentation? – ▲ Über die Migrationspolitik der EU.

5. ● _____ sind eigentlich die Weihnachtsferien? – ▲ Vom 23. Dezember bis zum 5. Januar.

6. ● _____ dauert die Exkursion nach Italien? – ▲ 2 Wochen.

7. ● _____ ist das Thema deiner Bachelor-Arbeit? – ▲ Die Außenpolitik Japans in der Showa-Zeit.

8. ● _____ ist die Vorlesung von Müller? – ▲ In Raum G-2701.

9. ● _____ findest du das Seminar über LGBTQ in der Schweiz? – ▲ Nicht so interessant, ehrlich gesagt.

10. ● _____ jobbst du diese Woche? – ▲ Am Donnerstagabend und Freitagnachmittag.

🔊) **Hören Sie und vergleichen Sie.** 最後に音声を聴いて答えを確認してください。
1-45

💡 **Temporale Präpositionen** 時間を表す前置詞 :

Wann? um 9.15 Uhr, am Montag, am Wochenende, im April, im Winter,

(-) 1997 (neunzehnhundertsiebenundneunzig) etc.

Von wann bis wann?/ Wie lange? von 10.30 bis 11.30 Uhr, von Dienstag bis Freitag,

von August bis Dezember, von 2022 (zweitausendzweiundzwanzig) bis 2030

h) **Ergänzen Sie die Präpositionen. Eine Lücke bleibt frei.** 前置詞を補ってください。前置詞が入らない場合もあります。

1. Hast du _____ Freitagabend Zeit? Am Campus gibt es eine interessante Diskussionsveranstaltung zum Thema „Feminismus heute". Sie fängt _____ 20.00 Uhr an.

2. _____ Winter _____ 2023 war ich in der Schweiz, zum Skifahren. Das war eine Reise mit dem Uni-Sport.

3. _____ Montag _____ Mittwoch bin ich immer an der Uni, aber _____ Donnerstag habe ich nur Online-Kurse, da arbeite ich von zu Hause, und _____ Freitag jobbe ich.

4. Ich möchte meine Master-Arbeit _____ Oktober abgeben, und _____ November _____ Januar fahre ich nach Südamerika.

i) **Wortfeld „Zeit": Ergänzen Sie. Einige Wörter können Sie zweimal benutzen.** 下線部に正しい語彙を選んで埋めてください。二回以上使うこともできます。

e Minute, -n   e Woche, -n   e Sekunde, -n   r Tag, -e   r Monat, -e   e Stunde, -n   s Jahr, -e

1. Ein _____ hat 12 _____, 52 _____ und 365 _____.

2. Eine _____ hat 60 _____ und 3600 _____.

3. Die _____ heißen Januar, Februar, März, April, Mai, Juni, Juli, August, September, Oktober, November und Dezember. Sie haben 28, 29, 30 oder 31 _____.

j) Adverbien der Häufigkeit. Ergänzen Sie die Lücken bei 1-4 Mehrere Lösungen sind möglich.
頻度の表現です。下線部を埋めてください。二回以上使うこともできます。

> meistens   (sehr) selten   (sehr) oft   jeden Tag   manchmal   nie

1. Akio kann zu Hause nicht gut lernen. Er geht _____ in die Bibliothek zum Lernen.

2. Isst du _____ in der Mensa? – Nein, ich finde, das Essen dort schmeckt nicht.

3. Wie lange schläfst du _____? – Von Montag bis Freitag etwa 6 Stunden, am Wochenende mehr.

4. Zafira ist unsportlich, und sie findet Sport auch nicht interessant. Sie geht _____ zum Uni-Sport.

Aufgabe 3

Welchen Tag in einer normalen Woche finden Sie am besten? Welchen finden Sie am schlechtesten? Warum? Was machen Sie an diesen Tagen? Von wann bis wann oder wie lange? Ergänzen Sie die Tagespläne unten und präsentieren Sie sie dann in der Gruppe. Ihre Partner:innen können fragen oder kommentieren. あなたにとって1週間のうち1番好きなのは何曜日ですか。最悪なのは何曜日ですか。なぜですか？ それらの日に何をしますか。いつからいつまで、どれくらいの時間ですか。1日の予定表を補って完成させ、グループ内で発表してください。発表に対する質問やコメントを出してください。

Uhrzeit (von...bis...)	mein schlechtester Tag: Warum?	Uhrzeit (von...bis...)	mein bester Tag: Warum?

Mein schlechtester Tag ist der Montag. Da stehe ich schon um 6 Uhr auf. Ich dusche, frühstücke und dann fahre ich zur Uni, etwa eine Stunde. Von 9.00 Uhr bis 10.30 Uhr habe ich eine Informatik-Vorlesung, die finde ich sehr schwierig. ...

Ich finde ... interessant/ langweilig.
... ist leicht/ schwierig.
... macht Spaß/ keinen Spaß.

意見の言い方：Ich finde + 4格 +形容詞
　　　　z.B.: „Ich finde die Vorlesung von Professor Zweistein interessant."

Aufgabe 4

🔊 1-46 **a)** Lesen und hören Sie den Text. Sind die Aussagen 1-4 richtig (R) oder falsch (F)? Beantworten Sie auch Frage Nr. 5. テキストを読んでください。1-4 のうち内容と合っているものは R、合っていないものには F にチェックを入れてください。5 番目の質問にも答えてください。

Die Menschen in Deutschland arbeiten im Durchschnitt 7,1 Stunden pro Tag. 3,9 Stunden sind bezahlte Arbeit oder Studium, und 3,2 Stunden sind unbezahlte Arbeit. Unbezahlte Arbeit ist zum Beispiel Hausarbeit, Einkaufen, Kinder betreuen, Eltern oder Großeltern pflegen und in ⁵ Vereinen und Organisationen freiwillig arbeiten.

In Deutschland arbeitet man etwas weniger als in den USA und viel weniger als in Japan. Die Menschen in Japan arbeiten oder studieren 8,8 Stunden pro Tag. In den USA arbeitet oder studiert man fast 8 Stunden am ¹⁰ Tag.

Durchschnittlich verbringt man in Deutschland 10 Stunden am Tag mit Schlafen und Essen, und man hat 3,1 Stunden Freizeit.

Die meisten Menschen in Deutschland wollen gern gut und gesund aussehen. Deshalb sind Hygiene und Körperpflege wichtig für sie. Jeden Tag pflegen sie 48 Minuten lang Haut, Haare, ¹⁵ Zähne und Nägel.

Quelle: OECD (2009), CC BY-NC-SA

Den lieben langen Tag
Durchschnittlicher Zeitaufwand 15- bis 64-Jähriger in Deutschland in Stunden pro Tag

Körperpflege 0,8
3,1 Freizeit
10,0 Stunden – Essen und Schlafen
3,1 Anderes
unbezahltes Arbeiten 3,2
bezahltes Arbeiten oder Studieren 3,9

---

1. Die Menschen in Deutschland machen jeden Tag 3,2 Stunden Hausarbeit. [R] [F]
2. In den USA arbeitet man mehr als in Deutschland, aber weniger als in Japan. [R] [F]
3. Die Deutschen haben mehr als 3 Stunden pro Tag Freizeit. [R] [F]
4. Für die Menschen in Deutschland ist Hygiene und Körperpflege nicht wichtig. [R] [F]
5. Etwa 3 Stunden am Tag macht man in Deutschland „Anderes". Was für Aktivitäten sind [R] [F]
   das vielleicht? Diskutieren Sie mit Partner:innen.

b) Wie sieht ein „normaler" Werktag bei Ihnen aus? Wie lange arbeiten Sie, schlafen Sie etc.? Schreiben Sie einen Text. Der Text soll zwei Unwahrheiten enthalten. Präsentieren Sie am Ende den Text in der Gruppe. Die Partner:innen raten, welche Informationen falsch sind. あなたの「ふつうの」平日はどんな感じですか。仕事の時間、睡眠の時間はどれくらいですか。ほんとうのことを言わなくてもかまいません。グループで最後にグループでプレゼンしましょう。パートナーは、どの情報が間違っているかをあててください。

Aufgabe 5

a) Karla und Yuri sind Partnerinnen in einem deutsch-japanischen Videochat-Projekt. Ergänzen Sie den Dialog mit den Wörtern aus dem Kasten. ドイツと日本のビデオチャットで Karla と Yuri が話しています。囲みの語彙群から選んで下線を補い会話を完成させてください。

Karla: Wann machen wir unser nächstes Meeting?

Yuri: Wie wäre es am Samstagvormittag deutscher Zeit?

Karla: Da kann ich nicht. Da jobbe ich im Sushi-Laden.

Yuri: Ach so. _____

Karla: Tut mir leid, da habe ich auch schon etwas vor. Da gehe ich mit Freundinnen einkaufen und Kaffee trinken.

Yuri: Schwierig, schwierig. Kannst du Sonntagmorgen?

Karla: _____ Wir gehen Samstagabend in die Altstadt zum Feiern, das wird bestimmt spät.

Yuri: Wann hast du denn mal Zeit?

Karla: Am Montagmorgen kann ich von 9 bis 11 Uhr. _____

Yuri: Das ist dann 16 bis 18 Uhr in Japan. Tut mir leid, da bin ich im Uni-Klub, beim Judo.

Karla: Geht 18 bis 20 Uhr?

Yuri: Moment... Ja, das geht. _____

Karla: Super. Dann also Montag 11 bis 13 Uhr deutscher Zeit und 18 bis 20 Uhr japanischer Zeit.

Yuri: Alles klar!

> Geht das?
>
> Und am Nachmittag?
>
> Nee, da schlafe ich noch.
>
> Da kann ich.

🔊 **Hören Sie und kontrollieren Sie.** 最後に音声を聴いて答えを確認してください。
1-47

b) **Lesen Sie den Dialog noch einmal. Welche Ausdrücke sind praktisch, wenn man einen Termin vereinbaren will? Markieren Sie.** もう一度会話を読んでください。会う約束をする際にどんな表現がありましたか。印をつけてください。

c) **Machen Sie jetzt Dialoge mit einer Partnerin/ einem Partner mit Hilfe des Dialogmodells von der Module-Webseite.** 別途掲載の会話例を参考にパートナーと一緒に会話をしましょう。

d) **Verabreden Sie sich jetzt mit Ihrer Partnerin/ Ihrem Partner zu einem Videochat, ohne das Dialogmodell von 5c) anzuschauen. Denken Sie dabei an Ihren eigenen Wochenplan. Wann haben Sie (keine) Zeit?** 今度は 5c) を見ずに、パートナーとビデオチャットの日を決めてください。その際自分の 週の予定を考慮しましょう。いつ時間がありますか (ありませんか)。

5

Aufgabe 6

Was glauben Sie: Wie sieht in 20 Jahren ein normaler Tag von Uni-Studierenden aus? Wie sieht ein typisches Wochenende aus? Arbeiten Sie mit Partner:innen. Sammeln und visualisieren Sie Ideen. Präsentieren Sie Ihre Ideen dann in der Klasse. 将来 20 年後の大学生の生活はどうなっていると思いますか。典型的な週末の過ごし方はどうなっていると思いますか。パートナーといっしょにアイデアを出し合って、クラスで発表してください。

Rückblick

Was haben Sie gelernt? Machen Sie Notizen in Ihrem Heft.
何を学びましたか。ノートにメモしましょう。

Wichtige Wörter (重要な単語):

Wichtige Redemittel (重要な表現):

Wichtige grammatikalische Strukturen (役に立つ文法):

Neue, interessante Informationen / Landeskunde (新しい、興味深い情報 / 各国の事情):

Sonstiges (その他):

Vergleichen Sie mit anderen Lernenden!
他の学習者と比較してみましょう。

Lektion 6 *Was wollen wir heute essen?*

Aufgabe 1

🔊 **a)** **Maya berichtet in ihrem Podcast über Restaurants in Berlin. Hören Sie ihren Bericht. In welcher Reihenfolge spricht sie über die Restaurants auf den Fotos?** Maya が Podcast でベルリンのレストランについ
1-48 て報告しています。どの順番で話していますか。内容に沿って写真を並べてください。

_____   _____   _____   __1__   _____

b) **Wie schmeckt's? Bitte ordnen Sie die unterstrichenen Satzteile den Bildern unten zu.** どんな味がするの
でしょう。下の画像に合う表現を選んで下線部を補ってください。

Berliner Currywurst <u>ist lecker</u>.

Die vegetarische Lasagne <u>schmeckt sehr gut</u>.

Die Pasta <u>ist nicht so gut</u>.

Die Paella <u>ist fantastisch</u>.

Miso-Eis <u>finde ich furchtbar</u>, das <u>schmeckt</u> absolut <u>schrecklich</u>!

 _____, _____, _____

 _____

 <u>finde ich furchtbar, schmeckt/schmecken schrecklich</u>

c) **Ordnen Sie zu.** 語彙と画像をつなげてみましょう。

Natto   Kaffee   Goya   Ramen / japanische Nudelsuppe   Bubble Tea

Paprika   Milch   Wurst

Sandwich

Käse   Schokolade   Sushi   Onigiri / Reisball

Brokkoli   Schwarztee   Pizza

1.   2.   3.   4.   5.   6.   7.   8.

____ ____ ____ ____ ____ ____ ____ ____

9.   10.   11.   12.   13.   14.   15.   16.

____ ____ ____ ____ ____ ____ ____ ____

d) **Was essen Sie (nicht) gern? Sprechen Sie mit einer Partnerin/ einem Partner.** 好きな食べ物（好きではない食べ物）は何ですか。パートナーと話してください。

> *Isst du gern Natto?*

> *Ja, Natto esse ich sehr gern. Das finde ich lecker. Und du?*

e) **Sehen Sie sich die Fotos von deutschen Gerichten an. Wie sieht das Essen für Sie aus? Sprechen Sie mit Partner:innen.** ドイツ料理に関する写真を見てください。料理はどんなふうに見えますか。パートナーと会話してみましょう。

e Currywurst

Spätzle (Pl.)

s Sauerkraut

r Milchreis

> *Ich finde, die Currywurst sieht lecker aus.*

> *Ich weiß nicht. Ich glaube, die schmeckt nicht so gut. Aber die Spätzle sehen gut aus. Die möchte ich einmal essen.*

aussehen (A sieht... aus) A は…に見える

6

Aufgabe 2

a) **Hören Sie das Gespräch von Frau Nettelbeck und Ken und markieren Sie die richtigen Antworten bei Frage 1 und 2.** Nettelbeck さんと Ken の会話を聴いて、正しい答えに印をつけてください。
1-49

1. Wo sind Frau Nettelbeck und Ken?

   a. im Restaurant   b. bei Frau Nettelbeck zu Hause

   c. in der Mensa

2. Was isst Ken?

   a. Frühstück   b. Mittagessen   c. Abendbrot

b) **Lesen Sie die Fragen 1-4, hören Sie dann den Dialog noch einmal und beantworten Sie die Fragen.** 1-4 の質問を読んでください。次に会話をもう一度聴いて、質問に答えてください。
1-49

1. Was möchte Ken trinken?

2. Was isst Ken in Japan normalerweise zum Frühstück?

3. Was essen Japaner und Japanerinnen heute oft?

4. Warum möchte Ken keinen Obstsalat mit Kiwi?

c) **Lesen Sie die Sätze aus dem Dialog und überlegen Sie mit einer Partnerin/ einem Partner: Welche Bedeutung haben die gelb markierten Verben?** 次の会話の一部を読んで、パートナーといっしょに考えてみましょう。黄色でマーカーされている動詞はどんな意味を持っているでしょうか。

Frau Nettelbeck: Guten Morgen, Ken! Möchtest du einen Kaffee?

Ken: Kann ich vielleicht einen Orangensaft haben?

Frau Nettelbeck: Wann musst du heute zum Sprachkurs?

Ken: Der Unterricht beginnt um 9.30 Uhr, aber ich will mich um 9 Uhr kurz mit Alex treffen, wir sollen heute eine Präsentation machen.

Frau Nettelbeck: Oh, dann musst du ja bald los.

(...)

Ken: In Deutschland gibt es ja viele Brotsorten. Da kann ich mich gar nicht entscheiden.

(...)

Ken: Traditionell isst man in Japan Reis zum Frühstück. Ich auch.

Frau Nettelbeck: Reis? Und was isst du dann dazu? Du kannst ja keine Marmelade mit Reis essen, oder?

(...)

Frau Nettelbeck: Fisch und Suppe? Zum Frühstück? Schmeckt das denn?

Ken: Ja, das ist sehr lecker. Aber viele Leute müssen heute früh zur Arbeit und haben keine Zeit, am Morgen zu kochen. Deswegen essen sie Brot oder Cerealien zum Frühstück.

(...)

Ken: Doch, aber ich bin allergisch gegen Kiwis. Ich darf keine Kiwis essen.

Frau Nettelbeck: Oje! Dann lieber nicht. Das Müsli musst du aber unbedingt probieren. Das ist sehr gut und …

d) Was ist die Bedeutung der Modalverben? Ordnen Sie zu. それぞれの話法の助動詞にはどんな意味があるでしょうか。あてはめてみましょう。

A 必要（… ねばならない）、
強い勧め（それなら … しなくてはいけません）

B 意志
（… したい、… するつもりだ）

C 許可
（… してもよい）

D 可能・能力
（… できる）

E 主語以外の者の意志
（… すべきだ、… しろと言われている）

können: _____ dürfen: _____ müssen: _____ wollen: _____ sollen: _____

話し手や主語の主観的な気持ちを表す助動詞を「話法の助動詞」(Modalverb) と呼びます。

e) Sehen Sie sich noch einmal die Sätze bei 2c) an. Wie ist die Satzstruktur? Welche Position haben die Modalverben? もう一度 2c) の文を見てみましょう。文構造はどうなっていますか。話法の助動詞の位置はどこにきますか。

話法の助動詞は文要素の _____ 番目に、結びつく動詞（本動詞）は _____ に置かれます。その際、本動詞は _____ の形になります。

	Position 2 話法の助動詞		文末 本動詞
Ich	kann		kochen.
Er	kann	sehr gut	kochen.
	Können	Sie heute Abend	kommen?

f) **Was passt? Kombinieren Sie.** 正しい組み合わせを見つけてください。

sie　du　ihr　er　wir　Sie　ich
kannst　könnt　könt　können　kann

g) **Ergänzen Sie nun die die Tabellen.** 表を埋めてください。

können

ich		wir	
du		ihr	
er/es/sie	kann	sie	
	Sie		

dürfen

ich		wir	
du	darfst	ihr	
er/es/sie		sie	
	Sie	dürfen	

müssen

ich		wir	
du		ihr	
er/es/sie	muss	sie	
	Sie		

sollen

ich	soll	wir	sollen
du		ihr	
er/es/sie		sie	
	Sie		

wollen

ich		wir	
du	willst	ihr	
er/es/sie		sie	wollen
	Sie		

他の動詞とここが違います：話法の助動詞の人称変化では１人称単数 (ich) と３人称単数 (er/es/sie) が同じ形になります。２人称単数 (du) は、その形に語尾がつきます。

6

h) **Bilden Sie Sätze.** 文を組み立ててください。

1. sollen / machen / heute / Ken / eine Präsentation /.

   Ken soll heute eine Präsentation machen. / Heute soll Ken eine Präsentation machen.

2. arbeiten / viel / wir / müssen /. _____

3. können / kochen / Frank / sehr gut /. _____

4. Deutsch / sprechen / wir / wollen /? _____

5. dürfen / essen / ich / hier /? _____

i) **Was müssen/ dürfen/ können/ wollen/ sollen die Leute (nicht) tun? Stellen Sie sich die Situationen vor und ergänzen Sie die Modalverben.** それぞれの状況を考えて下線部に合う話法の助動詞を入れてみましょう。

Beispiel: Er __darf__ nicht Auto fahren. Er hat Bier getrunken.

1. Wenn du abends in diesem Restaurant essen _____ , _____ du einen Tisch reservieren. Hier ist es immer voll.

2. _____ ich hier mit dem Smartphone bezahlen? Ich habe kein Geld dabei.

3. _____ ich den Smoothie ohne Äpfel machen? Ich habe gehört, du hast eine Allergie und _____ keine Äpfel essen.

4. Alex _____ sehr gut kochen, aber heute _____ er nicht, er _____ für die Uni lernen und _____ lieber eine Pizza bestellen.

5. _____ wir zusammen in der Mensa Mittag essen? Heute gibt es vegetarische Nudelsuppe.

Sollen wir ...?/ Soll ich ...? は相手に申し出る表現にも使います。

j) Diskutieren Sie in der Gruppe: Was muss/ soll/ darf/ kann man in Japan (nicht) machen? Benutzen Sie die Ideen aus dem Kasten und Ihre eigenen. グループでディスカッションしましょう。日本でやらなきゃいけないこと（やらなくてもいいこと）/やるべきこと（やるべきじゃないこと）/やってよいこと（やってはいけないこと）は何でしょうか。囲みの中の表現や自分の知っている表現を使ってください。

> mit der Gabel Sushi essen / in der U-Bahn essen und trinken / mit 18 Jahren Alkohol trinken / überall Ramen essen / im Restaurant mit dem Handy sprechen / beim Soba-Essen Geräusche machen

e Gabel フォーク ; überall どこでも ; s Geräusch, -e 音

Aufgabe 3

a) Typisches Frühstück in Deutschland, Österreich und der Schweiz. Ordnen Sie die Beschreibungen den Fotos zu. ドイツ、オーストリア、スイスの典型的な朝食です。写真と合うものを下線部に入れてください。

A Brötchen mit Käse, Wurst, Gemüse und Kaffee

B Frühstück am Sonntag

C Brötchen mit Butter und Marmelade, Kaffee

D Müsli mit Milch und Obst (hier: Blaubeeren)

1. _____

2. _____

3. _____

4. _____

b) Lesen Sie den Text „Frühstück in Japan". Raten Sie: Was bedeuten die gelb markierten Wörter auf Englisch und Japanisch? Ergänzen Sie die Tabelle. 日本の朝食について書かれたテキストを読んで、推測してください。ハイライトされた語彙は、英語と日本語で何と言いますか。表に入れてください。

Deutsch	Englisch	Japanisch	Deutsch	Englisch	Japanisch
traditionell			Zucker		
Reis			westlich		
Fisch			populär		
Suppe			älter (alt)		
grün			jünger (jung)		
Vitamin,-e			sagen	say	
Protein,-e			Appetit		

> **Frühstück in Japan**
>
> Das traditionelle japanische Frühstück hat das Image, sehr gesund zu sein. Ei, Reis, Fisch, Miso-Suppe, eingelegtes Gemüse („Tsukemono"), dazu grüner Tee - das heißt viele Vitamine, viele Proteine und wenig Zucker. Der ideale Start für den Tag.
>
> Aber auch in Japan nehmen immer mehr Menschen westliche Frühstücksgewohnheiten an. Nach Umfragen essen heute nur noch 40% der Japanerinnen und Japaner ein traditionelles japanisches 5 Frühstück. Viele essen heute Brot, besonders Toast-Brot, meist mit Butter und Marmelade. Die in Deutschland populären Frühstücksvariationen mit Joghurt, Müsli oder Obst sind relativ selten auf japanischen Frühstückstischen.
>
> Das Brot wurde in Japan nach dem Zweiten Weltkrieg populär. Deshalb ist es besonders die ältere Generation, die am Morgen gern Toast isst. Viele jüngere Japanerinnen und Japaner essen wieder traditionell Japanisch. 10

> Es gibt einen anderen, gefährlicheren Trend: Mehr als die Hälfte der jungen Leute sagen, dass sie morgens wenig oder gar nichts essen, weil sie keine Zeit oder keinen Appetit haben. Das ist ein großes Problem, das die Gesellschaft angehen muss.

e Gewohnheit annehmen (nehmen...an) 習慣を取り入れる ; e Umfrage アンケート ; besonders 特に
nach dem Zweiten Weltkrieg 第二次世界大戦後 ; e Gesellschaft 社会

🔊)) **c) Hören Sie den Text und lesen Sie mit. Sind die Aussagen 1-4 richtig (R) oder falsch (F)?** テキストを
1-50   聴きながらいっしょに読んでください。1-4 の文で、テキストの内容と合っているものはR、合っていないものはFに×印をつけてください。

1. Das traditionelle japanische Frühstück hat viele Vitamine.   R F

2. Brot zum Frühstück ist seit der Meiji-Zeit in Japan populär.   R F

3. Die meisten Japaner:innen essen Reis zum Frühstück.   R F

4. Heute essen mehr als 50% (Prozent) der jungen Japaner:innen wenig oder kein   R F
   Frühstück.

d) Machen Sie ein Interview mit Partner:innen. Schreiben Sie dann einen Text. Was/ Wie frühstücken Ihre Partner:innen? グループでお互いにインタヴューをして、一つのテキストにまとめてください。パートナー
は朝食に何を、どんなふうに食べていますか?

Wie gern? sehr gern – gern – nicht so gern – gar nicht gern

Wie oft? (sehr) oft – nicht so oft – manchmal – selten – nie

Wo? im Convenience-Store – zu Hause – im Café – in der Mensa – im Fast-Food-Restaurant ...

Was? Tee – Kaffee – Orangensaft – Wasser ...

Wie? allein – mit der Mutter – mit dem Vater – mit der Familie ...

Warum? (keinen) Hunger haben – viel/ keine Zeit haben – viel/ keinen Appetit haben – das ist gesund – das ist teuer/ billig – das schmeckt nicht/ gut ...

Verben: essen – trinken – kochen – kaufen – Frühstück machen – frühstücken ...

6

Beispiel-Fragen:

Was isst du/ Was esst ihr normalerweise zum Frühstück?

Trinkst du/ Trinkt ihr gern ...?

Findest du/ Findet ihr das gesund?

Machst du das Frühstück selbst?

Was isst du nicht gern? ...

Beispiel-Text:

Meine Partner:innen waren Yui und Yuji. Yui frühstückt meistens Reis, Fisch, Miso-Suppe und trinkt grünen Tee. Sie macht viel Sport, deshalb hat sie immer Hunger. Sie isst auch Obst, meistens eine Banane oder eine Orange. Das ist gesund. Ihr Vater und ihre Mutter essen oft Toast mit Butter und Marmelade und trinken Kaffee. Yuji frühstückt wenig. Er trinkt einen Kaffee und isst ein Ei. Er isst kein Brot, keinen Reis, kein Obst und kein Gemüse. Er sagt, er hat keinen Hunger...

Aufgabe 4

a) **Hier sehen Sie den Speiseplan einer deutschen Mensa. Was gibt es in dieser Woche zum Mittagessen? Ordnen Sie zu. Wie finden Sie den Speiseplan?** ドイツの学食献立表です。今週の学食のランチには何がありますか？ 語彙と画像をつなげてみましょう。献立プランをどう思いますか？

Pizza mit Grillgemüse

Bratwurst mit Sauerkraut

Spaghetti Bolognese

Currywurst mit Pommes

Seelachs mit Kartoffeln

Tofuburger

Gnocchi mit Tomatensoße

Rindergulasch mit Rotkohl und Knödel

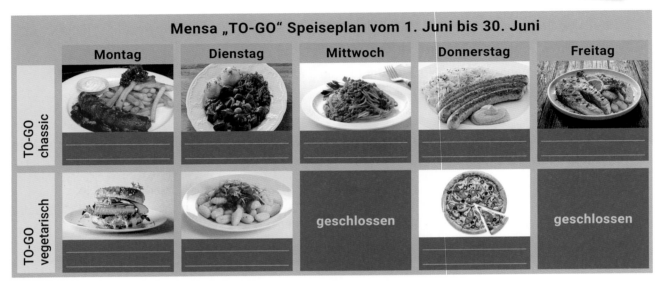

Mensa „TO-GO" Speiseplan vom 1. Juni bis 30. Juni

	Montag	Dienstag	Mittwoch	Donnerstag	Freitag
TO-GO chassic					
TO-GO vegetarisch			geschlossen		geschlossen

b) **Was ist Ihr idealer Speiseplan? Machen Sie mit einer Partnerin/ einem Partner zusammen einen Speiseplan und stellen Sie ihn vor.** あなたの理想的な献立表はどんなものですか？ パートナーといっしょに献立案を作り、紹介してください。

Am Montag gibt es ... / ... sieht super aus. / Dazu gibt es ... / .... ist lecker. / Als Vorspeise / Hauptspeise / Nachspeise kann man ... essen. / Für Vegetarier:innen gibt es ... / ...

e Vorspeise 前菜；e Hauptspeise メイン料理；e Nachspeise デザート

Aufgabe 5

a) **Restaurant-Kultur in Deutschland. Lesen Sie die folgenden Restaurant-Bewertungen. Wie viele Sterne hat die Autorin/ der Autor wohl gegeben (Maximum: 4 Sterne; Minimum: 0 Sterne)? Füllen Sie die Sterne aus und vergleichen Sie am Ende in der Gruppe.** ドイツのレストラン文化：次のレストランの評価コメントを読んでください。コメントを登録した人は星の数をいくつ入れたのでしょうか（最高レベルは4、最低レベルはゼロ）。星の数を塗りつぶし、最後にグループで比較し合ってみましょう。

---

1 Restaurant Name: Napoli

Wir waren mit einer großen Gruppe im Napoli und haben viele verschiedene Gerichte probiert. Die vegetarische Pizza war sehr gut, aber die Spaghetti Carbonara waren furchtbar. Es gab viele verschiedene Biersorten, aber nur

einen roten und einen Weißwein. Wenn Sie gerne vegetarische Pizza und Bier mögen, dann ist dieses Restaurant perfekt. Ansonsten würde ich ein anderes Restaurant empfehlen.

★★★★

---

2 Restaurant Name: Garten der Natur

Also, das Gebäude ist ja ganz hübsch, aber das Essen schmeckt überhaupt nicht. Es gab viel zu viel Gemüse und Salat und gar nichts Herzhaftes. Als ich eine Currywurst bestellen wollte, wurde die Bedienung sehr unfreundlich. Ich kann dieses Restaurant absolut nicht empfehlen.

★ ★ ★ ★

3 Restaurant Name: Edel

Das Essen hier war wie immer exquisit. Besonders zu empfehlen ist das Kaviarmousse. Es ist einfach wunderbar. Als Nachspeise gab es eine Erdbeere mit peruanischer Wildziegensahne. Sehr lecker. Sicher, dieses Restaurant ist nicht gerade preiswert, aber dafür sehr exklusiv.

★ ★ ★ ★

b) **Haben Sie ein Lieblingsrestaurant? Wie heißt es? Wo ist es? Was kann man dort essen? Was schmeckt besonders gut? Was kann man dort trinken? Wie sind die Preise? Wie ist die Atmosphäre? Was ist besonders? Warum? ... Berichten Sie in der Gruppe oder in der Klasse. Zeigen Sie auch Bilder.**

6

みなさんが好きなレストランはありますか。なんというレストランですか。どこにありますか。そこでは何が食べられますか。特別に美味しいものは何ですか。何が飲めますか。価格はどうですか。雰囲気はどうですか。特徴は何ですか。なぜですか。グループ内で報告したり、あるいはクラスで発表してください。画像も一緒に示しましょう。

Rückblick

Was haben Sie gelernt? Machen Sie Notizen in Ihrem Heft.
何を学びましたか。ノートにメモしましょう。

Wichtige Wörter（重要な単語）:

Wichtige Redemittel（重要な表現）:

Wichtige grammatikalische Strukturen（役に立つ文法）:

Neue, interessante Informationen / Landeskunde（新しい、興味深い情報 / 各国の事情）:

Sonstiges（その他）:

Vergleichen Sie mit anderen Lernenden!
他の学習者と比較してみましょう。

Lektion 7   *Sie möchte Journalistin werden.*

Aufgabe 1

a) Berufe. Was passt? Ordnen Sie zu. 画像に合う職業名を選んでください。

A. *Schauspieler*

B. _____

C. _____

D. _____

E. *Ärztin*

F. _____

G. _____

H. _____

I. _____

J. _____

K. _____

Politiker/ Politikerin

Fotograf/ Fotografin

Schauspieler/ Schauspielerin

Web-Designer/ Web-Designerin

Koch/ Köchin

Reiseleiter/ Reiseleiterin

IT-Ingenieur/ IT-Ingenieurin

Musiker/ Musikerin

Lehrer/ Lehrerin

Polizist/ Polizistin

Architekt/ Architektin

Krankenpfleger/ Krankenpflegerin

Arzt/ Ärztin

Programmierer/ Programmiererin

Busfahrer/ Busfahrerin

Psychologe/ Psychologin

Kennen Sie andere Berufe? 他にどんな職業を知っていますか。

_____

🔊 **Hören Sie zur Kontrolle und sprechen Sie nach.** 最後に音声を聴いて、後について発音しましょう。
1-51

🔊 **b) Hören Sie sechs kurze Aussagen. Was sind die Leute von Beruf?** 6人の発言内容を聴いてください。どんな
1-52 職業の人たちですか。

1. _____   2. _____

3. _____   4. _____

5. _____   6. _____

Und was sind Ihre Eltern von Beruf? ご両親の職業は何ですか。

_____

**c) Beschreiben Sie einen Beruf mit zwei oder drei Hinweisen in der „ich"-Form. Präsentieren Sie
dann den Text. Ihre Partner:innen raten den Beruf.** 特定の職業を想像しながら Ich（「私は……」）の形で 2, 3 のヒ
ントになる文を作ってください。その内容をパートナーに披露して、職業は何かを相手に推測させてください。

> *Ich spiele sehr gut Violine und gebe viele Konzerte. Was bin ich von Beruf?*

> *Ich glaube, du bist ...*

d) Und Sie? Was möchten Sie später werden? Warum? Sprechen Sie in der Gruppe. あなた自身はどうですか。
将来なりたい職業は何ですか。なぜですか。グループで話しましょう。

> Ich will später Psychologe werden, denn ich arbeite gern mit Menschen. Als Psychologe kann ich im Krankenhaus oder selbstständig arbeiten. Das finde ich gut. Und du?

> Ich möchte gern IT-Ingenieurin werden. Ich programmiere gern und spiele gern Computerspiele. Ich arbeite auch gern allein. Außerdem kann eine IT-Ingenieurin viel Geld verdienen.

denn なぜならば; selbstständig 独立して

Aufgabe 2

🔊 1-53 **a)** Hören Sie die Dialoge Nr. 2, 3 und 4 von 1b) noch einmal und lesen Sie das Transkript. Achten Sie auf die markierten Stellen und überlegen Sie die Bedeutung der Sätze. 1b) の 2, 3, 4 のインタヴューをもう一度聴いて、スクリプトを読んでください。それぞれの色でハイライトした箇所に注意して意味を考えてください。

2. Was ich mache? Ich arbeite hier im Krankenhaus. Ich gebe dem Mann dort gleich seine Medikamente.

3. Entschuldigen Sie, aber ich habe gerade überhaupt keine Zeit. Ich muss der Schülerin hier die deutsche Grammatik erklären.

4. Hallo. Ich reise gern und habe das zu meinem Beruf gemacht. Ich zeige den Touristinnen und Touristen die schönsten Sehenswürdigkeiten und empfehle ihnen die besten Restaurants.

	3 格 （人）	4 格 （物・事）
	～に	～を
Ich gebe	dem Mann	seine Medikamente.
Ich empfehle	ihnen	die besten Restaurants.

目的語に 3 格と 4 格をとる動詞があります。

その他にこんな動詞も：schicken, schreiben, schenken, kaufen, sagen など

b) Sehen Sie sich die Sätze bei 2a) noch einmal an und ergänzen Sie die Tabelle. 2a) の文をもう一度よく見て、表を埋めてください。

Nominativ（1 格） （定冠詞）	Dativ（3 格）		
	（定冠詞）	（不定冠詞）	（所有冠詞）
der Mann	d___ Mann	___ Mann	mein___ Mann
das Kind	d_em_ Kind	___ Kind	mein___ Kind
die Frau	d___ Frau	___ Frau	mein___ Frau
die Geschwister（複数）	d___ Geschwister**n**	x Geschwister**n**	mein _en_ Geschwister**n**

c) Ergänzen Sie die Lücken im Dialog mit den Wörtern im Kasten. 次の会話の下線部を、囲みの語彙から選んで補ってください。

● Du siehst gestresst aus.

▲ Ach, ich muss _____ Professorin bis morgen einen Praktikumsbericht schicken, aber ich bin noch nicht fertig.

● Warum bist du denn noch nicht fertig?

▲ Ich war letzte Woche auf einer Studienreise und hatte einfach keine Zeit.

● Also, ich empfehle dir, ehrlich zu sein. Schreib _____ Professorin doch eine E-Mail und erkläre ihr die Situation.

▲ _____ Freund aus dem Seminar hat sie schon gesagt, dass sie keine Verspätung akzeptiert.

● Meine Eltern empfehlen mir immer, _____ Leuten ein Problem persönlich zu erklären. Geh doch einfach mal zu ihr!

▲ Vielleicht hast du recht… Ach, da ist sie ja! Entschuldigung, Frau Schwarz! Kann ich mal mit Ihnen sprechen? Es tut mir leid, aber …

> den
> meiner
> deiner
> meinem

s Praktikum インターンシップ；r Bericht 報告；e Verspätung 遅延；ehrlich 正直に；persönlich 個人的に

🔊 **Hören Sie zur Kontrolle.** 最後に音声を聴いて確認してください。
1-54

d) Personalpronomen im Nominativ und Dativ. Markieren Sie bei Aufgabe 2c) Personalpronomen im Dativ. Ergänzen Sie dann die Tabelle. 上の 2c) のセンテンスをもう一度見て、人称代名詞の1格と3格をつないでください。

1格	3格
ich	
du	
er	
es	
sie	
Sie	

1格	3格
wir	uns
ihr	
sie	
Sie	

ihnen　Ihnen　ihm　Ihnen　dir　euch　ihr　uns　mir　ihm

e) Ergänzen Sie die Pronomen. 下線部に合う人称代名詞を入れてください。

1. ● Gehen wir heute Abend mal wieder zum Sport? – ▲ Tut mir leid, meine Chefin hat _____ heute eine schwierige Aufgabe gegeben. Ich soll sie bis morgen fertig machen.

2. ● Wann sagst du deiner Mutter, dass du Schauspieler werden möchtest? – ▲ Ich sage es _____ morgen beim Abendessen.

3. ● Frau Winter, bis wann soll ich _____ den Praktikumsbericht schicken? – ▲ Schicken Sie _____ den Bericht bis Ende Juli.

4. ● Kaori und ich wollen im Sommer vielleicht ein Working Holiday in Österreich machen. Weißt du, wo wir Informationen bekommen können? – ▲ Ja, ich kenne eine gute Webseite. Ich schicke _____ später den Link.

5. ● Wie findest du deinen Job? – ▲ Langweilig. Meine Kolleginnen und Kollegen sind nicht sehr nett, und ich darf _____ nur bei ganz einfachen Arbeiten helfen.

💡 動詞「helfen」：目的語は必ず3格です。4格になることは絶対にありません。

🔊 **Hören Sie und kontrollieren Sie.** 聴いて確認してください。
1-55

🔊 **a)** **Hören Sie den Dialog. Worüber sprechen Nina und Haruki?** 会話を聴いてください。
1-56 Nina と Haruki は何を話しているのでしょうか。

    1. Über Praktika. ☐   **2.** Über Jobs für Student:innen. ☐

    3. Über ein Informatik-Seminar. ☐

🔊 **b)** **Hören Sie den Dialog noch einmal und kreuzen Sie bei Nr. 1-6 die passenden Antworten an. Mehrere**
1-56 **richtige Antworten sind möglich.** もう一度会話を聴いて、1-6 について内容と合っているものに印をつけてください。正しい答えは複数の可能性もあります。

    1. Was muss Nina bei ihrem Praktikum machen?

    ☐ Daten eingeben.   ☐ Webseiten lesen.   ☐ Computerspiele designen.

    2. Wie kommt Nina zur Arbeit?

    ☐ Mit dem Fahrrad.   ☐ Mit der S-Bahn.   ☐ Mit dem Bus.

    3. Von wann bis wann muss sie arbeiten?

    ☐ Von 7 bis 19 Uhr.   ☐ Von 9 bis 17 Uhr.   ☐ Von 6 bis 17 Uhr.

    4. An welchen Tagen arbeitet sie?

    ☐ Montags bis freitags.   ☐ Montags und freitags.   ☐ Dienstags bis donnerstags.

    5. Hat Haruki schon einen Praktikumsplatz?

    ☐ Nein, aber er sucht ein Praktikum.   ☐ Nein, und er möchte auch kein Praktikum.

    ☐ Ja, aber er sucht ein neues Praktikum.

🔍 **c)** **Lesen Sie jetzt einzelne Sätze aus dem Hörtext und markieren Sie den Dativ.** 今度は会話の一部を読み、3格の箇所にマーカーで印をつけてください。

Nina: Ja schon, aber es ist so weit! Erst muss ich mit dem Fahrrad 20 Minuten zum Bahnhof fahren, dann 40 Minuten mit der S-Bahn und zum Schluss muss ich auch noch mit dem Bus zur Firma fahren. Ich bin fast 2 Stunden unterwegs! (...)

Haruki: Ich möchte etwas mit Informatik machen. Vielleicht Apps entwickeln. Bei der Firma Apfel gibt es noch Praktikumsplätze.

🔍 **Warum steht hier der Dativ? Können Sie die Regel erkennen?** どうしてその箇所が3格の形になっているでしょうか。規則は発見できますか？

💡 いつも 3 格といっしょに使う前置詞：mit, bei, zu, von

Präposition und Artikel können manchmal verschmelzen. Ergänzen Sie. 前置詞と定冠詞は融合することがあります。どんな形になるでしょうか。下線部を埋めてください。

    bei+dem = _beim_   zu+der = _____   zu+dem = _____

d) **Gespräch über ein Praktikum. Ergänzen Sie Präpositionen „mit", „von", „bei", „zu" und „in" mit den passenden Artikeln und Possessiv-Artikeln (1x).** インターンシップについての会話です。前置詞 „mit", „von", „bei", „zu", „in" と合う形で、定冠詞あるいは所有冠詞を入れ（1 箇所）、下線部を補ってください。

- ● Wo machst du denn dein Praktikum?
- ▲ _____ Altstadt-Theater in Stuttgart, in der PR-Abteilung.
- ● Und, ist es interessant?
- ▲ Ja, auf jeden Fall, ich lerne sehr viel. Aber es ist ein bisschen weit, ich wohne ja in Tübingen.
- ● Fährst du _____ _____ Auto _____ Arbeit?
- ▲ Nein, ich fahre _____ _____ Zug. Es dauert etwa eine Stunde _____ Hauptbahnhof in Stuttgart.
- ● Warum nimmst du nicht das Auto _____ _____ Eltern?
- ▲ Das dauert viel länger. Es ist so viel Verkehr.
- ● Alles klar. Und wie lange musst du arbeiten?
- ▲ _____ 10 bis 17 Uhr.
- ● Ach, das geht ja.

s Theater ; s Auto ; e Arbeit ; r Zug ; r Bahnhof

🔊 **Hören Sie und kontrollieren Sie.** よく聴いて確認してください。
1-57

Aufgabe 4

a) **Lesen Sie die E-Mail von Aiko und beantworten Sie die Fragen.** Aiko のメールを読んで質問に答えてください。

1. Warum hat Aiko die E-Mail geschrieben?
2. Was macht sie an der Module-Universität?
3. Was möchte sie nach dem Studium machen?
4. Wie lange kann sie für die Firma arbeiten?

Betr.: Bewerbung für ein Praktikum

Sehr geehrte Damen und Herren,

ich habe Ihre Adresse bei „Stellensuche-Praktikum.de" gefunden. Ich studiere Informatik an der Module-Universität in Japan und lerne Deutsch. Im kommenden Sommer möchte ich gerne einige Wochen in Deutschland arbeiten, und ich interessiere mich für ein Praktikum in Ihrer Firma. Haben Sie noch Praktikumsplätze frei?

Ich bin 19 Jahre alt und spreche Deutsch (Niveau: B1) und Englisch (Niveau: C1). Meine Muttersprache ist Japanisch. Im Moment studiere ich im Bachelor-Programm Informatik. Ich lerne gerne Sprachen und habe gern Kontakt mit anderen Menschen. Nach dem Studium möchte ich Web-Designerin werden.

Ich kann ab dem 1. August für vier Wochen bei Ihnen arbeiten. Ich würde mich sehr freuen, wenn Sie mich für einen Praktikumsplatz in Betracht ziehen.

Mit freundlichen Grüßen
Aiko Tanaka

Anlage: Lebenslauf

---

b) **Lesen Sie die Praktikum-Tipps aus dem Internet. Um welche Branchen/ Bereiche geht es? Ordnen Sie zu.** 今度はインターンシップ情報を読んでください。どんな分野のインターンシップですか。合うものを入れてみましょう。

A Jede Branche sucht momentan nach IT-Expert:innten. Als Praktikant:in kannst du dich schnell als App-Entwickler:in oder Web-Designer:in profilieren und dir deine Karriere zurecht coden.

B Wenn du dich für Journalismus, News-Seiten, Video-Channels oder ganz allgemein für SNS interessierst, dann bist du bei diesen Praktikumsplätzen an der richtigen Adresse.

C Du bist Fitness- und Gesundheitsfanatiker:in und kannst ohne Sport nicht leben? Dann solltest du dich hier mal umschauen. Ob im Marketing oder bei der Entwicklung von Produkten – diese Branche hat vielfältige Praktika zu vergeben.

D Ein Praktikum, so schön, dass man keinen Urlaub mehr braucht. Wenn dich fremde Sprachen und Kulturen faszinieren, solltest du dich als Praktikant:in in diesem Bereich bewerben. Bei einigen Firmen ist sogar ein Auslandsaufenthalt inklusive!

E Mit einem Praktikum hier stehen dir alle Chancen offen. Besonders in Berlin gibt es vieie junge, hippe Firmen, die etwas Neues machen, schnell wachsen und offene und flexible Mitarbeiter:innen suchen.

F Was haben ein Museum, ein Konzerthaus und ein Fußballstadion gemeinsam? Alle brauchen gutes Management und gute PR. Jede große Stadt in Deutschland bietet in diesem Bereich zahlreiche interessante Praktikumsplätze.

G Deine Freunde nennen dich „Zahlengenie"? Also bitte, dann ist ein Praktikum in einer Bank perfekt für dich. Lerne die Finanzwelt kennen und lege den Grundstein für eine Karriere, die dich reich machen kann!

1. Informatik: Anzeige _____
2. Sport:　　　 Anzeige _____
3. Finanzen:　 Anzeige _____
4. Tourismus: Anzeige _____
5. Medien:　　　　　 Anzeige _____
6. Berlin Start-Up-Szene: Anzeige _____
7. Kultur:　　　　　 Anzeige _____

c) **Was meinen Sie? Wie wäre die ideale Praktikantin/ der ideale Praktikant für diese Praktika (Biografie, Qualifikation, Sprachkenntnisse, Charakter etc.)? Arbeiten Sie in der Gruppe und machen Sie Notizen. Präsentieren Sie dann in der Klasse.** みなさんはどう思いますか？これらのインターンシップの職場で理想のインターンとして何を考えますか（履歴、特技やライセンス、外国語運用能力、性格など）。グループで話し合い、メモをとってください。それからクラス内で発表してみましょう。

Sie/ Er muss/ sollte ...
Als Praktikantin/ Praktikant in der ...-Branche braucht man ...

d) Sie sollen im Rahmen Ihres Studiums ein Praktikum im Ausland machen. In welchem Land möchten Sie das Praktikum machen? In welchem Bereich? Wie lange? Bei welcher Firma oder bei welcher Institution/ Organisation? Was wollen Sie dort machen/ lernen? Wozu? Recherchieren Sie so konkrete Informationen wie möglich. Präsentieren Sie am Ende Ihren Plan in der Klasse. 大学での課題として海外でインターンシップをおこなうようにと言われました。どの国で実施したいですか。どんな分野ですか？どれくらいの期間で、どんな企業、どんな組織ですか。そこで何をしたい、あるいは学びたいと思いますか。それはなぜですか？できるだけ具体的な情報を調べてください。最後にあなたのプランをクラスで発表してください。

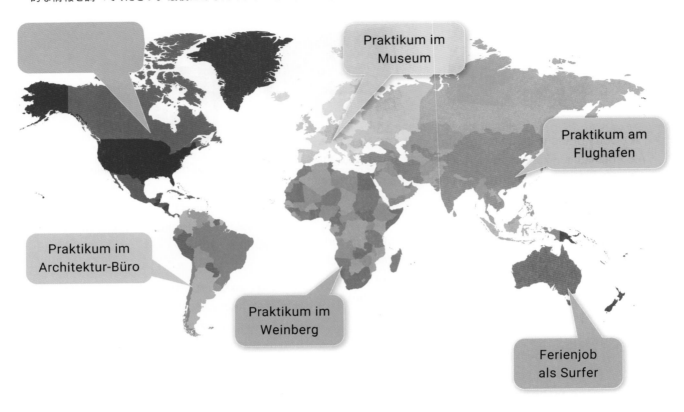

Beispiel-Präsentation:

Im Sommer habe ich zwei Monate Zeit. Ich will in Südafrika, in Johannesburg, ein Praktikum machen. Dort gibt es Weinberge. Rotwein aus Johannesburg ist sehr bekannt. Ich will bei einer Winzerin/ einem Winzer arbeiten. Dort kann ich viel über Wein lernen. Später möchte ich in Japan eine Wein-Import-Firma betreiben.

e) Schreiben Sie eine Bewerbung für einen Praktikumsplatz nach dem Modell von 4b).

今度は自分で応募したいと思うインターンシップの仕事を 4b) から選び、申し込みのメールを書いてください。

Neue Nachricht   — ↗ ✕

An   Cc Bcc

Betreff

Senden ▼   Aa 🖇 😄 🖼 ⌄   🗑

7

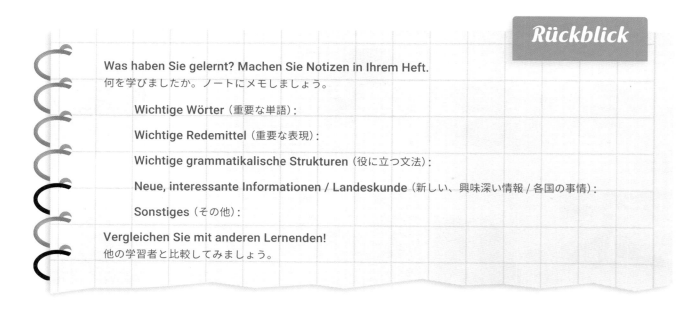

Rückblick

Was haben Sie gelernt? Machen Sie Notizen in Ihrem Heft.
何を学びましたか。ノートにメモしましょう。

    Wichtige Wörter（重要な単語）:

    Wichtige Redemittel（重要な表現）:

    Wichtige grammatikalische Strukturen（役に立つ文法）:

    Neue, interessante Informationen / Landeskunde（新しい、興味深い情報 / 各国の事情）:

    Sonstiges（その他）:

Vergleichen Sie mit anderen Lernenden!
他の学習者と比較してみましょう。

Lektion 8 *Du solltest mehr Sport machen!*

Aufgabe 1

a) **Körperteile. Ordnen Sie zu. Überlegen Sie dabei, wie die Körperteile auf Englisch heißen, und achten Sie auf Ähnlichkeiten.** 身体部分です。適切な語を入れてください。その際、英語で何と言うかを考え、類似する点に注目しましょう。

der Körper

a. _____
b. _____
c. _____
d. _____ e. _____
f. _____
g. _____
h. *das Bein*
i. _____
j. _____

k. *der Kopf*
l. *das Gesicht*
m. _____
n. *der Hals*
o. _____
p. _____
q. _____
r. *der Bauch*
s. *Rücken*
t. *der Po*
u. _____

1	e Nase
2	e Hand, ⸚e
3	~~r Hals~~
4	s Auge, -n
5	s Knie, -
6	r Finger, -
7	~~r Po~~
8	r Ellenbogen, -
9	e Schulter, -n
10	r Arm, -e
11	r Zeh, -en
12	r Mund
13	~~s Bein, e~~
14	s Haar, -e
15	r Fuß, ⸚e
16	e Brust
17	~~r Bauch~~
18	r ~~Kopf~~
19	s Ohr, -en
20	~~r Rücken~~
21	~~s Gesicht~~

b) **Wortfeld „krank sein": Ordnen Sie zu.** 「病気であること」を示す語場です。当てはまるものを下線部に入れてください。

Husten haben

Schnupfen haben

eine Verletzung am Finger haben

... Grad Fieber/ Temperatur haben

eine Erkältung haben/ erkältet sein

einen verstauchten Fuß haben

eine Halsentzündung haben

Kopfschmerzen haben (der/mein Kopf tut weh)

eine Pollenallergie/ Heuschnupfen haben

Bauchschmerzen haben (der/mein Bauch tut weh)

1. _____
2. _____
3. _____
4. *Schnupfen haben*
5. _____
6. _____
7. _____
8. _____
9. _____
10. _____

c) Medikamente. Schauen Sie sich die Bilder an, lesen Sie die Beschriftung auf der Packung und ordnen Sie die Wörter zu. 薬です。画像をよく見て、パッケージの説明書きを読み、語彙を当てはめてみましょう。

e Salbe

Tabletten (Pl.)

Tropfen (Pl.)

r Saft

1. _____   2. _____   3. _____   4. _____

Aufgabe 2

a) Hören Sie ein Gespräch. Welches Foto passt? Markieren Sie. 会話を聴いてください。どの画像と合っていますか。印をつけてみましょう。

2-01

1.    2.    3.

b) Hören Sie das Gespräch zwischen der Studentin Tanja und ihrem Arzt noch einmal und lesen Sie das Transkript dazu. Wo im Dialog finden Sie Aufforderungen oder Ratschläge? Markieren Sie. 女子学生 Tanja と医者の会話をもう一度聴いて、スクリプトを読んでみましょう。医者の指示やアドヴァイスは会話のどこにありますか。

8

Arzt: Hallo Tanja, lange nicht gesehen! Wie kann ich dir helfen?

Tanja: Guten Tag, Dr. Pillendreher. Ich habe Schmerzen in meinem linken Fuß.

Arzt: Wie lange hast du die Schmerzen schon?

Tanja: Seit etwa einer Woche.

Arzt: Lass mal sehen. Dreh den Fuß jetzt bitte nach links und nach rechts.

Tanja: Au, das tut weh!

Arzt: Mmmh... Was ist passiert, hattest du einen Unfall?

Tanja: Na ja, ich gehe oft zum Bouldern, und letzten Montag bin ich gefallen. Seitdem tut der Fuß weh.

Arzt: Ah ja. Dein Fuß ist verstaucht. Du solltest unbedingt ein paar Tage keinen Sport machen. Außerdem verschreibe ich dir hier eine Salbe und Tabletten. Nimm die Tabletten bitte ...

den Fuß drehen 足を（左右に）回す ; ein Rezept/ Medikamente verschreiben 処方箋を書く

Schmerzen haben = weh tun	→ Mein Fuß tut weh. （単数の場合）
	→ Meine Augen tun weh. （複数の場合）

Aufforderungen, Bitten, Ratschläge 指示、依頼、勧めの表現
命令形 Imperativ は指示や依頼、人に何かを勧める際にも使う表現です。相手は１人の場合もあれば、複数の場合もあります。

		Imperativ
~~du gehst~~	→	Geh!
Sie gehen	→	Gehen Sie!
~~ihr geht~~	→	Geht!

何かを依頼する際には多くの場合、„bitte" といった言葉を一緒に用いることで、和らいだ言い方になります。

アドヴァイスしたり、何かを推奨する場合は、„sollt-"（英語の „should"）を一緒に使います。その場合は 2 番目に „sollt-" が入り、文末に本動詞が置かれます：

→ Arzt: *„Du solltest unbedingt ein paar Tage keinen Sport machen."*

c) **Ergänzen Sie die Tabelle.** 表を埋めてください。

ich	sollte	wir	
du		ihr	
er/es/sie	sollte	sie	
Sie		Sie	

d) **Ihr deutscher Freund hat eine Erkältung. Was kann er gegen die Erkältung tun? Formulieren Sie Ratschläge mit den Wörtern in Klammern. Kennen Sie noch andere Tipps?** あなたのドイツ人の友人が風邪をひいています。その友人は何をすればいいでしょうか。カッコ内の語彙を使って、アドヴァイスや指示をしてあげてください。他にも提案があれば教えてあげてください。

1. (Nasentropfen nehmen)

   Du solltest Nasentropfen nehmen. / Nimm Nasentropfen!

2. (zu Hause bleiben und viel schlafen)

   _____

3. (jeden Tag Vitamin-C-Tabletten nehmen)

   _____

4. (viel trinken, besonders Tee)

   _____

5. (vor dem Schlafen Hustensaft nehmen)

   _____

6. _____

7. _____

Aufgabe 3

🔊 2-02 a) **Hören Sie den zweiten Teil des Gesprächs zwischen Tanja und Dr. Pillendreher. Welche Medikamente verschreibt der Arzt? Wann und wie oft soll Tanja die Medikamente nehmen?** 女子学生の Tanja と医者の Dr. Pillendreher の会話の続きを聴きましょう。医者が処方しているのはどの薬ですか。彼女はその薬をいつ、どれくらいの頻度で服用しなければなりませんか。

1. Medikament: _____   Wie oft? _____

2. Medikament: _____   Wie oft? _____

ein Medikament verschreiben 薬を処方する；s Rezept 処方箋；e Apotheke, -n 薬局

b) Ordnen Sie das Gespräch zwischen einer Ärztin und einem Patienten.
医者と患者の会話文を組み立ててください。

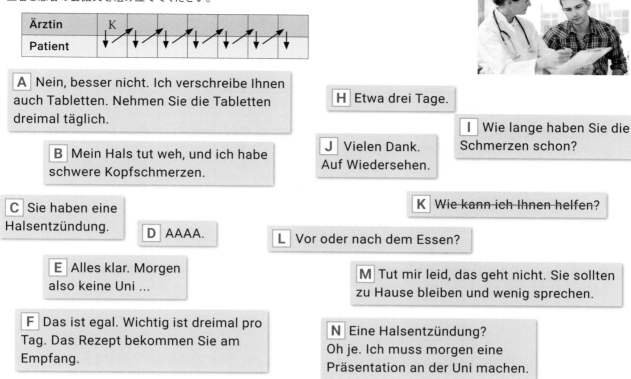

Ärztin	K	↗	↗	↗	↗	↗	↗
Patient	↓	↓	↓	↓	↓	↓	↓

A Nein, besser nicht. Ich verschreibe Ihnen auch Tabletten. Nehmen Sie die Tabletten dreimal täglich.

H Etwa drei Tage.

I Wie lange haben Sie die Schmerzen schon?

B Mein Hals tut weh, und ich habe schwere Kopfschmerzen.

J Vielen Dank. Auf Wiedersehen.

C Sie haben eine Halsentzündung.

D AAAA.

K Wie kann ich Ihnen helfen?

L Vor oder nach dem Essen?

E Alles klar. Morgen also keine Uni ...

M Tut mir leid, das geht nicht. Sie sollten zu Hause bleiben und wenig sprechen.

F Das ist egal. Wichtig ist dreimal pro Tag. Das Rezept bekommen Sie am Empfang.

N Eine Halsentzündung? Oh je. Ich muss morgen eine Präsentation an der Uni machen.

G Bitte öffnen Sie den Mund und sagen Sie AAAA.

🔊 **2-03** Hören Sie zur Kontrolle. 聴いて確認しましょう。

c) Planen und spielen Sie jetzt mit einer Partnerin/ einem Partner einen ähnlichen Dialog zwischen Ärztin/ Arzt und Patientin/ Patienten. Präsentieren Sie Ihren Dialog dann vor einer anderen Gruppe. Die Gruppe muss heraushören: Welches Problem hat die Patientin/ der Patient? Welchen Ratschlag gibt die Ärztin/ der Arzt? Muss die Patientin/ der Patient ein Medikament nehmen, und wenn ja, was und wie oft? Kontrollieren Sie am Ende, ob die Gruppe richtig gehört hat.

医者と患者のパートに分かれて、同様の会話を作ってやってみましょう。それから別のグループの前でプレゼンしてみましょう。プレゼンを聴く際に、会話から聴き取らなければならない情報は次の通りです：その患者はどこが悪いのでしょうか？医者はどんな指示を与えていますか？患者は薬を服用しなければなりませんか？その場合、何をどの頻度で？聴く側に回ったグループは、正しく聴き取ったかどうかを、最後に確認してください。

Aufgabe 4

a) Eine E-Mail schreiben. Ordnen Sie die Anreden in die Tabelle ein. メールを書いてください。呼びかけの表現を、表に書き入れてください。

Hi Tatsuya!

Hallo Steffi!

Hey Karim, hey Chris,

Sehr geehrte Damen und Herren,

Sehr geehrte Frau Prof. Akamatsu,

Lieber Herr Schwab,

formelle E-Mail	halb-formelle E-Mail	private E-Mail

b) Welche Anrede passt zu welcher Grußformel? Mehrere Kombinationen sind möglich. 書き出しの呼びかけの表現と合う文末の挨拶表現はどれですか。組み合わせは複数の可能性もあります。

1. Sehr geehrte Frau Prof. Akamatsu,   a. Viele Grüße
2. Hi Tatsuya!   b. Mit freundlichen Grüßen
3. Lieber Herr Schwab,   c. Lieben Gruß
4. Hallo Steffi!   d. Bis bald,

c) Welche der folgenden Betreffzeilen passt am besten zu einer halb-formellen E-Mail? Warum? どの件名がセミフォーマルなメールに一番合うでしょうか。理由も考えてください。

☐ Morgen ist kein Unterricht, denn Frau Klein ist krank.

☐ Frau Klein krank, kein Unterricht morgen

☐ Frau Klein krank & morgen frei – YEAH!

> **Neue Nachricht**
>
> An
>
> Betreff

d) Lesen Sie die E-Mail. Warum kann Selma nicht zum Volleyballtraining kommen? 次のメールを読んでください。なぜ Selma はバレーボールのトレーニングに来られないのでしょうか。

Lieber Herr Groß,

bitte entschuldigen Sie aber ich kann diese Woche nicht zum Volleyballtraining kommen. Ich habe eine schlimme Erkältung mit Husten, Schnupfen, Halsschmerzen und auch ein bisschen Fieber. Ich weiß, wir haben am Sonntag ein wichtiges Spiel, aber der Arzt hat gesagt, ich soll im Bett bleiben. Es tut mir wirklich leid.

Viele Grüße

Selma Cassirer

 話法の助動詞 „sollen" は、第三者の誰かがアドヴァイスや指示を与えた場合に使います：*Der Arzt hat gesagt, ich soll im Bett bleiben.*（医者は、私がベッドに寝ているようにと言った。）

e) Sie besuchen einen Sommersprachkurs in Wien in Österreich, aber Sie können nicht zum Unterricht kommen. Schreiben Sie eine E-Mail an Ihre Lehrerin, Frau Kowalski. Bitten Sie um Entschuldigung und schreiben Sie auch den Grund, warum Sie nicht kommen können. Vergessen Sie in der E-Mail nicht den Betreff, die Anrede, die Grußformel und Ihren Namen am Ende.
想像してみてください：あなたはオーストリアのウィーンでドイツ語サマーコースに参加していますが、授業に行くことができなくなってしまいました。担当教員の Frau Kowalski に宛てて、メールを書いてください。メールでは謝罪してから、なぜ授業に行くことができないのか理由も書いてください。メールを書く際には、件名、呼びかけ、そして文末に置く挨拶表現と自分の名前を忘れずに書いてください。

Aufgabe 5

🔊 2-04 **a) Der Student Reo Takamatsu ruft in der Praxis von Dr. Pillendreher an und vereinbart einen Termin. Hören Sie: Wann ist der Termin?** 学生の Reo Takamatsu が Dr. Pillendreher の診療所に電話をして予約を取っています。予約はいつですか。聴いてみましょう。

b) Ordnen Sie den Dialog. 会話を流れに沿って並べてください。

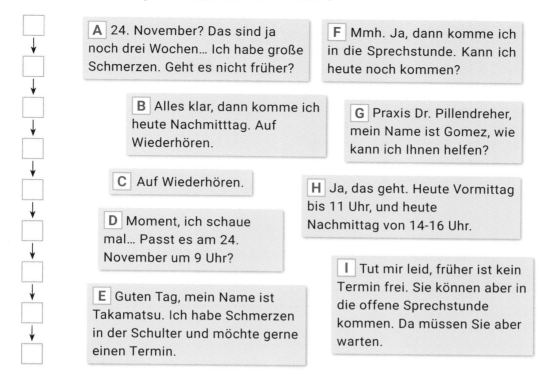

A 24. November? Das sind ja noch drei Wochen… Ich habe große Schmerzen. Geht es nicht früher?

F Mmh. Ja, dann komme ich in die Sprechstunde. Kann ich heute noch kommen?

B Alles klar, dann komme ich heute Nachmitttag. Auf Wiederhören.

G Praxis Dr. Pillendreher, mein Name ist Gomez, wie kann ich Ihnen helfen?

C Auf Wiederhören.

H Ja, das geht. Heute Vormittag bis 11 Uhr, und heute Nachmittag von 14-16 Uhr.

D Moment, ich schaue mal… Passt es am 24. November um 9 Uhr?

I Tut mir leid, früher ist kein Termin frei. Sie können aber in die offene Sprechstunde kommen. Da müssen Sie aber warten.

E Guten Tag, mein Name ist Takamatsu. Ich habe Schmerzen in der Schulter und möchte gerne einen Termin.

Hören Sie noch einmal zur Kontrolle. もう一度確認のため聴いてください。
2-04

c) Markieren Sie Redemittel für die Terminvereinbarung. 予約のための表現に印をつけてください。

d) Planen Sie ein ähnliches Telefongespräch mit einer Partnerin/ einem Partner. Präsentieren Sie dann den Dialog einem anderen Paar. Das andere Paar muss heraushören: Welches Problem hat die Anruferin/ der Anrufer? Wann ist der Termin? 同様の電話での会話をパートナーとつくってください。それから別のペアグループにプレゼンしてください。聴く側のペアは次のことを聴き取ってください：患者の病気は何だったのでしょうか。予約はいつですか。

Aufgabe 6

a) Thema Fitness. Wie kann man fit bleiben oder fit werden? Was muss man für Fitness tun? Was darf man nicht tun? Sammeln Sie Ideen in der Gruppe. Berichten Sie dann in der Klasse. どうすれば良いコンディションを保てるでしょうか。あるいは良いコンディションになるでしょうか。フィットネスのためにやらなければならないことは何ですか。何をしてはいけないのでしょうか。グループ内でアイデアを集めましょう。それからクラスで発表してください。

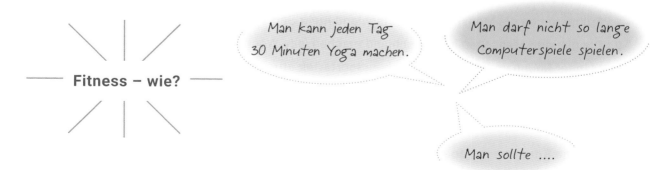

Fitness – wie?

Man kann jeden Tag 30 Minuten Yoga machen.

Man darf nicht so lange Computerspiele spielen.

Man sollte ….

„man" の用法：一般的な、不特定の人（人々）を指します。一緒に使う動詞は常に単数扱いです。単数の「人」を表す場合は „eine Person" や „jemand" とほぼ同じ意味です。

b) **Redemittel zur Erklärung einer Statistik. Was passt? Verbinden Sie.** 統計を扱う時の決まった表現です。正しいものを結んでみましょう。

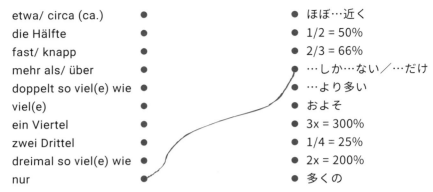

etwa/ circa (ca.) ● ● ほぼ…近く
die Hälfte ● ● 1/2 = 50%
fast/ knapp ● ● 2/3 = 66%
mehr als/ über ● ● …しか…ない／…だけ
doppelt so viel(e) wie ● ● …より多い
viel(e) ● ● およそ
ein Viertel ● ● 3x = 300%
zwei Drittel ● ● 1/4 = 25%
dreimal so viel(e) wie ● ● 2x = 200%
nur ● ● 多くの

🔊 **c)** **Lesen Sie die Aussagen 1–5. Hören und lesen Sie dann den Text. Welche Aussagen passen zum**
2-05 **Inhalt des Texts, welche nicht? Markieren Sie „R" für richtig und „F" für falsch.** まず 1-5 の発言を読んでください。それからテキスト内容を聴いて、読んでください。テキストの内容に合うのはどれですか、合わないものはどれですか。合うものには R、違っているものには F に×印をつけてください。

Fitness in Deutschland

Wie fit und aktiv sind die Menschen in Deutschland? Warum machen sie Sport – und warum nicht? Diese und andere Fragen hat das Marktforschungsinstitut SAPIO untersucht. In ganz Deutschland wurden mehr als 3000 Menschen befragt. Ist Deutschland ein Land der Couch-Potatoes? Dieses Bild ist nicht mehr aktuell. Neun von zehn Menschen in Deutschland sagen, dass sie Sport treiben. Am liebsten powern sie 5 sich bei Fitness und Fahrradfahren aus, 20% der Befragten sogar zwei- bis dreimal pro Woche. Etwa ein Viertel der Befragten geht mindestens einmal die Woche joggen oder macht Gymnastik. Auch Kraftsport ist populär: Fast ein Fünftel trainiert mindestens einmal pro Woche die Muskeln. Beinahe ein Drittel geht mindestens einmal im Monat schwimmen. Dabei gibt es Unterschiede zwischen Männern und Frauen: Männer machen eher Jogging, Kraftsport, Radfahren, Wandern und Ballsportarten. Frauen 10 trainieren lieber mit Gymnastik, Fitness und Nordic Walking. Nur wenige Männer finden Pilates, Yoga und Tanzen attraktiv.

Was motiviert die Menschen in Deutschland, ins Fitnessstudio, auf den Sportplatz, zum Schwimmen oder in den Park zu gehen? Der wichtigste Grund ist die Gesundheit: Man möchte gesund und fit bleiben – oder werden. Fast die Hälfte möchte Spaß haben, und knapp die Hälfte will beim Sport 15 auch Stress abbauen. Bei Apps und digitalen Gadgets für Sport steht es fifty-fifty: Die Hälfte der Freizeitsportler:innen nutzt keine digitale Hilfe. Die andere Hälfte, vor allem Menschen unter 50, haben ein Fitness-Tracker-Armband, Fitness-Apps, einen Pulsmesser oder Ähnliches.

Quelle: https://www.netzathleten.de/fitness/item/7261-fitness-freaks-oder-couch-potatoes-so-fit-ist-deutschland (bearbeitet)

---

1. Früher haben die Menschen in Deutschland mehr Sport gemacht als heute. ⬜R ⬜F
2. Die meisten Menschen in Deutschland machen jede Woche Sport. ⬜R ⬜F
3. Männer finden im Prinzip die gleichen Sportarten attraktiv wie Frauen. ⬜R ⬜F
4. Sport bedeutet für viele Menschen in Deutschland auch Stress. ⬜R ⬜F
5. Sport-Apps sind in Deutschland nicht populär. ⬜R ⬜F

d) **Wie ist die Situation in Japan? Ist Fitness für die Menschen auch wichtig? Warum (nicht)? Welche Trainingsmethoden und Sportarten sind populär? Gibt es Unterschiede zwischen alten und jungen Menschen, Frauen und Männern? Nutzen die Menschen Sport-Apps? etc. Schreiben Sie einen Text (mindestens 100 Wörter).** 日本での状況はどうでしょうか。フィットネスは人間にとって大切でしょうか。なぜそうなのですか、なぜそうではないのですか。どんなトレーニングの方法やスポーツ種目が人気ですか。老人と若者で違いはありますか。女性と男性で違いはありますか。スポーツアプリを使いますか、等、テキストを書いてみましょう（少なくとも 100 語以上使って）。

Aufgabe 7

a) Interview mit dem berühmten Rockstar Jackie Migger (78 Jahre) zum Thema „Fitness und Gesundheit". Lesen Sie die Antworten und ergänzen Sie die Interviewfragen.

有名なロックスター Jackie Migger（78 才）とのインタヴューで、テーマは「フィットネスと健康」です。答えの部分を読んで、質問文を補ってください。

Trinken Sie gern Alkohol?

Was tun Sie für die Fitness?

Und wie lange?

Schlafen Sie viel und gut?

Haben Sie gar keine Schwächen?

Wie oft machen Sie Sport?

Essen Sie gesund?

1. _____? – Ich schwimme, jogge und mache Krafttraining. Ich muss in meinem Beruf topfit sein, unsere Band ist jedes Jahr drei bis vier Monate auf Tournee.

2. _____? – Jeden Tag. Nur am Sonntag nicht. Da mache ich Pause.

3. _____? – Mindestens eine Stunde. Meistens schwimme oder jogge ich eine halbe Stunde, und dann mache ich noch eine halbe Stunde Krafttraining.

4. _____? – Natürlich. Sehr viel Gemüse, sehr viel frischen Salat, aber natürlich auch Obst. Außerdem bin ich Vegetarierin.

5. _____? – Früher ja, aber heute trinke ich ganz selten ein Glas Rotwein oder so.

6. _____? – Doch, leider. Ich liebe Schokolade und esse fast jeden Tag eine ganze Packung. Ich kann einfach nicht aufhören.

7. _____? –Ja, das ist wichtig. Ich gehe früh ins Bett und stehe früh auf, meistens schon um 5 Uhr morgens. Das war früher ganz anders ...

8

🔊 **Hören Sie und kontrollieren Sie.** 最後に聴いて確認してください。
2-06

b) Befragen Sie eine Partnerin/ einen Partner aus der Klasse. Finden Sie heraus: Lebt sie/ er gesund? Was tut sie/ er für die Gesundheit und für die Fitness? Schreiben Sie am Ende ein Fazit und präsentieren Sie es der Partnerin/ dem Partner. Geben Sie auch Tipps, wie sie/ er gesünder leben und die Fitness verbessern kann. クラスのパートナーに質問してください。そこで聞き出すのは次の内容です：彼女あるいは彼は健康に生活していますか？ 彼女あるいは彼は健康とフィットネスのために何をしていますか？ 最後にまとめを書いて、パートナー同士で発表してください。彼女や彼がもっと健康的に生活したりコンディションを改善したりするためのヒントも言ってあげましょう。

Rückblick

Was haben Sie gelernt? Machen Sie Notizen in Ihrem Heft.
何を学びましたか。ノートにメモしましょう。

Wichtige Wörter（重要な単語）：

Wichtige Redemittel（重要な表現）：

Wichtige grammatikalische Strukturen（役に立つ文法）：

Neue, interessante Informationen / Landeskunde（新しい、興味深い情報 / 各国の事情）：

Sonstiges（その他）：

Vergleichen Sie mit anderen Lernenden!
他の学習者と比較してみましょう。

Lektion 9 Wie kommen wir zum Bahnhof?

Aufgabe 1

a) Wie kann man sein Ziel erreichen? Ordnen Sie zu. どうやって目的地に辿り着けるでしょうか。組み合わせてみましょう。

Ich komme/ fahre/ fliege/ gehe …

mit dem Taxi

mit der U-Bahn

mit dem Fahrrad

mit dem Flugzeug

mit der Straßenbahn

mit dem Zug

mit dem Auto

zu Fuß

mit dem Motorrad

mit dem Schiff

mit dem Bus

a. _____
b. _____
c. _____
d. _____
e. _____
f. _____

g. _____
h. _____
i. _____
j. _____
k. _____

b) Ergänzen Sie „fahren", „fliegen", „nehmen" und „gehen". 動詞 „fahren", „fliegen", „nehmen", „gehen" を下線部にあてはめてみましょう。

mit dem Taxi/ mit dem Zug _____

ein Taxi/ einen Zug _____

zu Fuß _____

mit dem Flugzeug _____

c) **Hören Sie ein Gespräch der Studierenden Kohei und Alissa. Wie bzw. mit welchen Verkehrsmitteln kommen sie von der Universität nach Hause?** Kohei と Alissa の会話を聴いてください。二人はどうやって、あるいはどんな交通手段を使って、大学から帰宅していますか。

2-07

Kohei: _____, _____, _____, _____

Alissa: _____

d) Ergänzen Sie im Dialog die Verben „fahren", „nehmen" und „gehen" in der richtigen Form.
動詞 „fahren", „nehmen", „gehen" を正しい形にして線部に補ってください。

Alissa: Sag mal, Kohei, wo wohnst du eigentlich?

Kohei: In Totsuka.

Alissa: Und wie kommst du vom Campus nach Totsuka?

Kohei: Also, zuerst _____ ich zu Fuß zur Bushaltestelle und dann _____ ich den Bus nach Shonandai. Von Shonandai _____ ich mit der U-Bahn zum Bahnhof Totsuka. Dort steige ich dann wieder in einen Bus um. Ich brauche ungefähr 50 Minuten. Und du? Wie kommst du zur Uni?

Alissa: Ich wohne in der Nähe. Ich _____ 10 Minuten mit dem Fahrrad.

Kohei: Du hast es gut!

e Bushaltestelle バス停 ; r Bahnhof 駅 ; umsteigen 乗り換える

Überlegen Sie: Wann benutzt man „nach", „zum" und „zur"? 考えてみましょう。„nach "、„zum "、„zur "はどん なときに使いますか。

方向「...へ」を表す前置詞nachとzuの違い：nachの後は無冠詞の地名 (nach Tokyo, nach Deutschland, nach Europ usw.)、zuの後は建物 (zum Bahnhof)、催し (zur Party)、人物 (zu meinem Vater)。
zuと定冠詞3格の融合形：zu + dem → zum; zu + der → zur。
ただし、例外は次の2つ：nach Hause自宅に帰る、zu Hause在宅している。

e) **Ergänzen Sie „nach", „zu", „zur" oder „zum".** „nach"、„zu"、„zur"、„zum" を線部に補ってください。

1. ● Wie kommst du _____ Campus?
   ▲ Mit dem Auto.

2. ● Gehen wir essen?
   ▲ Tut mir leid, ich muss _____ Professor Tanaka, wir wollen über meine Bachelor-Arbeit sprechen.

3. ● Kommst du auch _____ Semesterabschluss-Party am Freitagabend?
   ▲ Ja, klar!

4. ● Gehst du schon _____ Hause?
   ▲ Ja, ich kann _____ Hause besser lernen als in der Bibliothek.

5. ● Fährst du in den Semesterferien _____ Yamagata _____ deinen Eltern?
   ▲ Nein, Anfang Februar fliege ich _____ Österreich, ich mache einen Sprachkurs in Wien.

r Campus; e Party

Hören Sie zur Kontrolle. 会話を聴いて確認してください。
2-08

f) **Sprechen Sie mit einer Partnerin/ einem Partner über Ihren Weg zur Uni. Zeigen Sie dabei den Weg auch auf einer Online-Karte.** 大学への通学路について、パートナーと話してみましょう。その際にオンライン地図を 使って示してください。

Sag mal, wo wohnst du eigentlich?

Und du? Und wie kommst du zur Uni?

Ich fahre zuerst mit ... nach .... Da steige ich in ... in die... -Linie um. Dann ...

Aufgabe 2

🔊
2-09

a) **Hören Sie die Informationen über Sehenswürdigkeiten in Hamburg und notieren Sie, wie man von einem Ort zum nächsten kommt.** ハンブルクの観光地についての情報を聴いて、メモをとってください。ある場所から次の場所へどうやって移動するのが一番いいでしょうか。

b) **Lesen Sie das Transkript und kontrollieren Sie Ihre Antworten bei** 2a). 今度はテキストを読んで、2a) の答えを確認してみましょう。

Eine Tour durch Hamburg

Hamburg ist die zweitgrößte Stadt in Deutschland und liegt im Norden des Landes. Hamburg hat einen großen Hafen, den Sie unbedingt sehen müssen. An den Hafen kommen Sie vom Hauptbahnhof am besten mit der U-Bahn. Direkt am Hafen ist der Fischmarkt. Dort gibt es frischen Fisch und in der Gegend um den Fischmarkt gibt es viele gute Fischrestaurants. Im Hafen können Sie eine Rundfahrt mit dem Schiff machen. Das Schiff fährt zuerst zum bekannten Konzerthaus 5 „Elbphilharmonie" und dann in die historische Speicherstadt. In der Speicherstadt können Sie sehen, wie früher Schiffe be- und entladen wurden. Vom Hafen aus gehen Sie zu Fuß zur „Großen Freiheit". In dieser Straße gibt es viele Nachtklubs. In einem Klub haben die Beatles oft gespielt, bevor sie berühmt wurden. Von der „Großen Freiheit" fahren Sie mit dem Bus oder dem Fahrrad zum Rathaus. Ein Fahrrad können Sie überall in der Stadt mieten. Auf dem Rathausplatz findet 10 im Winter der Weihnachtsmarkt statt. Wenn Sie Fußball lieben, müssen Sie unbedingt einmal ins Volksparkstadion gehen. In diesem Stadion spielt der HSV, ein wichtiger Fußballverein in Hamburg. Außerdem sollten Sie auch...

---

c) **Möchten Sie auch einmal Hamburg besuchen? Was möchten Sie dort sehen oder machen? Sprechen Sie mit einer Partnerin/ einem Partner.** あなたもハンブルクに行ってみたいですか。そこで何を見学したい、あるいはやってみたいですか？パートナーと話してください。

68 achtundsechzig

a) Im Text von Aufgabe 2b) sind einige lokale Angaben markiert. Ordnen Sie sie in die in die Liste unten ein. Was fällt Ihnen auf? 2b) のテキストには、場所を表す表現がマーカーで記されています。それらを下記のリストに補ってください。どんな気づきがありますか。

Wo?

im Norden,

Wohin?

Wechselpräpositionen 3格と4格の両方を取る9つの前置詞には：in, an, auf, unter, über, vor, hinter, neben, zwischen があります。Wo? と聞かれた時には3格、Wohin? と聞かれた時には4格を使います。

    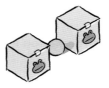

| in | auf | an | neben | zwischen |

| vor | hinter | unter | über |

b) Wo ist was? Ergänzen Sie Präpositionen und Artikel. どこに何がありますか。前置詞と冠詞を下線部に補ってください。

1. _____ _____ Rathausplatz steht das Rathaus.
2. _____ _____ Rathaus ist eine große Straße.
3. Ein Baum steht _____ _____ Straße und _____ Rathaus.
4. _____ _____ Baum steht ein Fahrrad.
5. Ein Vogel sitzt _____ _____ Rathaus und piept.
6. Heute gibt es _____ _____ Rathaus einen Markt.
7. _____ _____ Rathaus ist ein Parkplatz.
8. Ein Auto steht _____ _____ Parkplatz.

r Platz 広場 ; r Parkplatz 駐車場

c) **Wohin geht oder fährt Tanja? Was macht sie?** Tanja はどこに行きますか。何をするのでしょうか。

1. Tanja fährt heute _____ _____ Stadt.
2. Sie parkt ihr Auto _____ _____ Parkplatz am Rathaus.
3. Danach geht sie __auf__ _____ Markt einkaufen.
4. Sie geht sofort __an__ _____ Gemüse-Stand, denn sie braucht Tomaten.
5. Nach dem Einkaufen hat sie Hunger, und sie geht _____ _____ Restaurant „Rathaus-Stuben".

e Stadt 街；r Markt 市場；r Stand スタンド；s Restaurant レストラン

d) **Wofür stehen die Verschmelzungen „am", „im", „ans" und „ins"?** この形は何と何が融合しているのでしょうか。

Am Rathaus gibt es einen Parkplatz.

Im Rathaus ist ein Restaurant.

Maik stellt sein Fahrrad ans Rathaus-Restaurant und geht ins Rathaus.

am: __an + dem__   im: _____   ans: _____   ins: _____

Aufgabe 4

a) **Lesen Sie den Text aus einem Reiseführer über die Stadt Bonn und ergänzen Sie die passenden Präpositionen und Artikel.** Bonn 市の観光案内のテキストを読んで、下線部に適切な前置詞と冠詞を入れてください。

Sehenswürdigkeiten in Bonn

A **Das Beethoven-Haus**

Ludwig van Beethoven wird 1770 in diesem Haus geboren. Von hier geht er __in die__ Schule. Es gibt _____ Beethoven-Haus viel zu sehen. Sehen Sie sich zum Beispiel die Original-Manuskripte oder das berühmte Beethoven-Porträt von Joseph Stieler _____ Wand an.

Die Beethovenhalle **B**

_____ Beethovenhalle kann man klassische Konzerte hören. _____ Park _____ Halle steht ein großes Beethoven-Denkmal.

C **Das Rathaus und der Markt**

Das alte Rathaus und der Markt sind _____ Zentrum von Bonn. Wenn Sie __über den__ Markt zum Rathaus gehen, können Sie viele traditionelle Geschäfte und Cafés sehen. _____ Markt kann man gut Kaffee trinken oder etwas essen.

Die Universität und die botanischen Gärten D

Sie müssen unbedingt _____ botanischen Gärten der Universität Bonn gehen. Hier gibt es Pflanzen *aus der* ganzen Welt.

e Wald 森 ; r Park 公園 ; s Zentrum 中心 ; r Garten, ⁻ 庭園 ; e Welt 世界 ; über ... gehen 〜を通って行く

◀)) **b) Hören Sie das Gespräch von Mari und Kai. Was möchten sie heute in Bonn machen?** Mari と Kai の
2-10 会話を聴きましょう。ふたりは今日 Bonn で何をしたいと思っているのでしょうか。

☐ Ein Konzert hören und exotische Pflanzen ansehen.

☐ Eine Stadtrundfahrt mit dem Bus machen und schön zu Mittag essen.

◀)) **c) Hören Sie das Gespräch noch einmal und beantworten Sie die Fragen.** 会話をもう一度聴き、質問に答えて
2-10 ください。

1. Wo sind Mari und Kai jetzt?

Am Hauptbahnhof in Bonn.

2. Mit welchem Verkehrsmittel kommen sie zur Beethovenhalle?

_____

3. Mit welchem Verkehrsmittel kommen sie zu den Botanischen Gärten?

_____

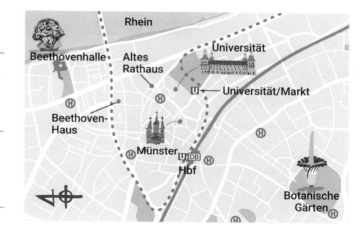

9

Aufgabe 5

a) Ordnen Sie die Wörter den Bildern zu. 写真に合う語彙を下線に入れましょう。

e Bushaltestelle   r Bahnhof   r Bahnsteig   r Flughafen   e Fahrkarte

e U-Bahn-Station   e einfache Fahrt   s Gleis   ~~hin und zurück~~

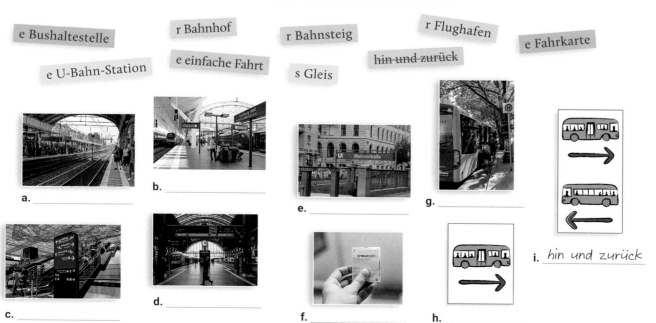

a. _____   b. _____   e. _____   g. _____   i. *hin und zurück*

c. _____   d. _____   f. _____   h. _____

b) Was bedeuten die Wörter auf Japanisch? Ordnen Sie zu. カードの語彙はどんな意味でしょうか。当てはまる箇所に入れてみましょう。

abfahren　　einsteigen　　umsteigen　　aussteigen

~~abfliegen~~　　ankommen

降りる　＿＿＿＿＿＿＿＿＿＿＿　　到着する　＿＿＿＿＿＿＿＿＿＿＿

乗り換える　＿＿＿＿＿＿＿＿＿＿＿　　出発する　＿＿＿＿＿＿＿＿＿＿＿

乗車する　＿＿＿＿＿＿＿＿＿＿＿　　離陸する　*abfliegen*＿＿＿＿＿＿＿

c) Ergänzen Sie die Verben von 5b) in der richtigen Form. 5b) の動詞を正しい形にして下線に補いましょう。

1. ● Welchen Flug sollen wir nehmen?
   ▲ Schau mal, dieser Flug ist gut. Da ＿＿＿＿＿＿ wir abends vom Kansai-Flughafen ＿＿＿＿＿＿
   und am nächsten Morgen ＿＿＿＿＿＿ wir in Zürich ＿＿＿＿＿＿.
   ● Ist das der Preis für Hin- und Rückflug?
   ▲ Nein, das ist nur für den Hinflug.

2. ● Ich glaube, du musst jetzt ＿＿＿＿＿＿. Der Zug ＿＿＿＿＿＿ in zwei Minuten ＿＿＿＿＿＿.
   ▲ Du hast recht. Na dann tschüs!
   ● Tschüs, bis nächste Woche!

3. ▲ Entschuldigung, wie komme ich von hier zum Olympiastadion?
   ● Gehen Sie hier 100 Meter geradeaus bis zum S-Bahnhof „Bellevue". Da nehmen Sie auf Gleis
   1 die nächste S-Bahn und ＿＿＿＿＿＿ am Bahnhof „Zoologischer Garten" in die U2 Richtung
   „Ruhleben" ＿＿＿＿＿＿.
   ▲ Bis „Zoologischer Garten" und dann in die U2 Richtung „Ruhleben". Alles klar. Vielen Dank!
   ● Gerne.

4. ▲ Wenn wir zum Schlossgarten wollen, müssen wir am Hauptbahnhof ＿＿＿＿＿＿. Von dort
   können wir zu Fuß gehen.
   ● Wie lange dauert das?
   ▲ Nur fünf Minuten.

🔊 **Hören Sie zur Kontrolle.** 聴いて確かめてみましょう。
2-11

Touristische Werbeaktion. 観光の宣伝活動

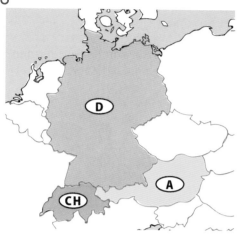

Bilden Sie Gruppen. Jede Gruppe sucht sich eine andere Stadt in Deutschland, Österreich oder in der Schweiz aus.

Recherchieren Sie:

· Was können Tourist:innen an einem Tag in der Stadt machen? Welche Sehenswürdigkeiten gibt es dort?

· Wie kommt man am besten von einem Ort zum anderen?

Nutzen Sie die Webseiten der lokalen Tourist-Information und der Verkehrsbetriebe.

Präsentieren Sie Ihre Werbeaktion in der Klasse (2–3 Präsentationsfolien).

グループを作ってください。グループ毎にドイツ、オーストリア、あるいはスイスの異なる都市を選びます。まずは次の 2 点を調べてください：

1) 観光客はその都市に 1 日過ごして何ができますか。そこにはどんな観光名所がありますか。

2) 都市から都市へどうやって移動するのが一番良いでしょうか。

現地のツーリストインフォメーションや交通機関の Web サイトを使ってください。

その後、クラス内でプレゼンテーションをしてください（2−3 枚のスライドで）。

Wir empfehlen euch einen Ausflug nach ...

Hier gibt es viele interessante Sehenswürdigkeiten, zum Beispiel ...

Ihr könnt ... Ihr solltet unbedingt ...

Ihr nehmt die U-Bahn am Rathaus und steigt ... aus.

Von dort geht ihr ...

Rückblick

Was haben Sie gelernt? Machen Sie Notizen in Ihrem Heft.
何を学びましたか。ノートにメモしましょう。

Wichtige Wörter（重要な単語）:

Wichtige Redemittel（重要な表現）:

Wichtige grammatikalische Strukturen（役に立つ文法）:

Neue, interessante Informationen / Landeskunde（新しい、興味深い情報 / 各国の事情）:

Sonstiges（その他）:

Vergleichen Sie mit anderen Lernenden!
他の学習者と比較してみましょう。

Lektion 10 *Warst du gut in der Schule?*

Aufgabe 1

a) Was sehen Sie auf den Bildern? Wo ist das? Was machen die Leute? Kennen Sie solche Situationen?
画像に写っているのは何でしょうか。そこに写っている人々は何をしていますか。それぞれどんな状況なのかわかりますか。

b) Die Bilder sind Social-Media-Postings von Schüler:innen. Welcher Hashtags passt zu welchem Foto? これらの画像は生徒が SNS にあげたものです。どのハッシュタグがどの画像と結びついたものでしょうか。

1. #9.Klasse #Gymnasium #Stundenplan
2. #Mensa #Schulessen
3. #Diskussion #Sitzkreis #Politik
4. #Jahr in Deutschland #Gastfamilie #♡
5. #saubermachen #typisch japanisch?
6. #Projekt #Landwirtschaft #Kartoffeln anbauen #selbst machen
7. #Schulorchester #Freundinnen #Geige
8. #Unterricht #Gruppenarbeit #Präsentation

c) Welcher Kommentar passt zu welchem Foto? どのコメントがどの画像に結びつきますか。

1. *Fast jeden Tag Mathe – grrrr*
2. *Donnerstag ist vegetarisch* ☺
3. *Immer Diskutieren – gähn ...*
4. *Noch eine Woche bis zum Konzert – Panik!!!*
5. *Schneller, Keisuke! Haha*

d) Schreiben Sie Kommentare zu den restlichen Fotos. 残りの画像について、コメントを書いてみましょう。

Aufgabe 2

🔊 **a) Lesen und hören Sie einen Blog-Text. Zu welchem Foto von 1a) passt er? Was ist das Thema?**
2-12 次のブログテキストを読んで、音源を聴いてください。1a) の画像のうち、どれに合うでしょうか。テーマは何ですか。

Bevor ich nach Deutschland gegangen bin, habe ich viel über die Zukunft nachgedacht, besonders darüber, welche Schule und welche Uni ich besuchen soll. Ich habe jeden Tag viel gelernt. Das war stressig, aber oft auch interessant. Kurz vor meinem 16. Geburtstag bin ich dann für ein Jahr alleine nach Deutschland gegangen. Ich habe bei einer Gastfamilie gelebt und jeden Tag eine deutsche Schule besucht. Die Schule war anders als in Japan. Wir haben in der 5 Klasse viel diskutiert und gelacht. Wir haben nicht so systematisch und effektiv gelernt, aber wir hatten viel Freiheit und viel Spaß. Eine Uniform mussten wir nicht tragen. Natürlich habe ich auch in Deutschland Hausaufgaben gemacht, für Tests gelernt usw., aber das Leben war irgendwie lockerer. Erst als ich nach Deutschland gekommen bin, ist mir klar geworden, dass junge Leute in anderen Ländern anders leben. Ich habe oft mit meinen Freund:innen über die Unterschiede 10 zwischen Japan und Deutschland gesprochen, über die Vor- und Nachteile von beiden Ländern. Wir alle haben dabei sehr viel gelernt. Meine Meinungen und meine Werte haben sich in Deutschland stark verändert.

e Zukunft 将来 ; Spaß haben 楽しむ ; locke: ゆったりした ; r Unterschied, -e 違い
r Vorteil, -e 長所 ; r Nachteil, -e 短所 ; r Wert, -e 価値

b) Der Blog-Text stammt von der Schülerin Ayaka. Welche der folgenden Aussagen Ayakas passen zu ihren Erfahrungen in Deutschland, welche zu ihren Erfahrungen in Japan, welche zu beiden? Ergänzen Sie „D", „J" oder „b". このブログは高校生 Ayaka のものです。次の Ayaka の発言のうち、どれがドイツ, 日本 あるいは日独両方での体験でしょうか。それぞれ当てはまるものを D, J, b で記してください。

1. „Ich habe viel über die Zukunft nachgedacht." _____
2. „Wir haben im Unterricht viel gelacht." _____
3. „Ich hatte viel Freiheit." _____
4. „Ich habe Hausaufgaben gemacht." _____
5. „Wir haben über Unterschiede zwischen Deutschland und Japan gesprochen." _____

c) Lesen Sie den Text noch einmal und beantworten Sie die Fragen. テキストをもう一度読み、次の問いに答え てください。

1. Wie alt war Ayaka, als sie nach Deutschland gegangen ist?
2. Wie lange war sie dort?
3. Wo hat sie gewohnt?
4. Was für eine Schule hat sie dort besucht?
5. Was waren die Unterschiede zwischen der Schule in Japan und der Schule in Deutschland?

d) Markieren Sie alle Wörter im Text zum Thema Schule, Lernen oder Ausbildung. Kennen Sie noch weitere? テキストの中で、テーマを学校や勉強に関する語彙をマークしてください。他に知っている語彙はありますか。

e) Wortfeld „Schule". Ordnen Sie die Wörter zu. 学校（Schule）に関する語場です。表に書き入れましょう。

e private Schule | e öffentliche Schule | e Klasse | e Schülerin, r Schüler
e Lehrerin, r Lehrer | e Pause | r Unterricht | e Prüfung | e AG (Arbeitsgemeinschaft, z.B. Theater-AG)
e Uniform | e Mädchenschule | e Jungenschule | r Stundenplan | s Fach
e Grundschule | e Mittelschule | e Nachhilfeschule | e Hausaufgabe | Sommerferien (Pl.)
e Mensa | e Oberschule | s Zeugnis
r Projekttag | s Orchester | e Gruppenarbeit | s Schulessen | e Note

小学校		グループワーク	
中学校		時間割	
高校		科目	
私立学校		試験	
公立学校		成績	
塾		成績証明書	
男子生徒		宿題	
女子生徒		プロジェクトの日	
男子校		オーケストラ	
女子校		学食	
制服		給食	
クラス，学年		休み時間	
教師		部活	
授業		夏休み	

f) **Sammeln Sie in der Gruppe Vermutungen zum Thema Schule in Deutschland. Was ist (vielleicht) anders als in Japan? Was ist gleich?** ドイツの学校に関連するテーマについて、想像できることを集めてみましょう。日本と違うかもしれない、と思うことは何ですか。日本と同じだろう、と思うことは何ですか。

Wie lange geht man zur Schule?

Welche Schulen gibt es?

Gibt es private und öffentliche Schulen?

Gibt es Mädchen- und Jungenschulen?

Gibt es Nachhilfeschulen?

Welche Fächer gibt es?

Hat man viel Freizeit?

Wo essen die Schüler:innen?

Was machen die Schüler:innen in der Pause?

…

Ich glaube, in Deutschland geht man ab … Jahren zur Schule. / Ich vermute, man lernt …
Ich habe gehört, es gibt in Deutschland … / Vielleicht ….

g) **In Deutschland gibt es 16 Bundesländer, und jedes Bundesland hat ein eigenes Schulsystem. Schauen Sie sich die Grafik über das Schulsystem im Bundesland Bayern an und ergänzen Sie die Lücken im Text mit den Wörtern aus dem Kasten.** ドイツには 16 の州があり、16 の州それぞれに、独自の学校制度があります。Bayern 州の学校制度を示すグラフを見て、囲みの語彙から合うものを選び、下線部を補ってください。

Das Schulystem in Bayern

Die _____ dauert normalerweise 4 Jahre und geht von der 1. bis zur 4. Klasse. Hier lernen die Schüler:innen die Grundlagen in Deutsch, _____ und anderen Fächern. Am Ende der Grundschule verteilt man die Schüler:innen auf drei unterschiedliche Schultypen: Mittelschule, 5 Realschule und Gymnasium. Die Mittelschule geht von der 5. bis zur 9. Klasse, die Realschule von der 5. bis zur 10. Klasse und das Gymnasium von der 5. bis zur 13. Klasse. Nach der Mittelschule und der Realschule kann man eine Ausbildung machen. „Ausbildung" bedeutet, man lernt in 10 einer Firma oder in einer Institution die praktischen Aspekte eines Berufs wie Automechaniker:in oder _____ und

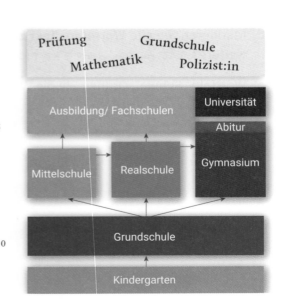

besucht gleichzeitig eine „Berufsschule", um das theoretische Wissen zu bekommen. Am Ende des Gymnasiums bekommt man einen Abschluss, das „Abitur". Damit kann man an der Universität studieren. Wenn man das nicht will, kann man natürlich auch eine Ausbildung machen. 15

e Grundlage, -n 基礎 ; verteilen 〜に分けられる ; gleichzeitig 同時に ; r Abschluss 修了証

h) **Vergleichen Sie die Schulsysteme in Bayern und Japan. Was sind die Vor- und Nachteile?** Bayern 州と日本の学校制度について比較します。それぞれの長所と短所は何でしょうか。

> Ich denke, das System in Japan ist besser, denn ...

> Das stimmt, aber in Bayern können ... Das finde ich gut. In Japan müssen ...

Aufgabe 3

a) **Markieren Sie im Text von 2a) die Verben. Welche Verben stehen in der Vergangenheit? Vergleichen Sie mit einer Partnerin/ einem Partner.** 2a)のテキストに出てくる動詞にマーカーで印をつけてください。どの動詞が過去の出来事を表しているでしょうか。パートナーと一緒に動詞の形を比較してみましょう。

b) **Ergänzen Sie die Tabelle.** 次の表を補ってください。

Perfekt	Infinitiv
ich bin gegangen	gehen
ich habe nachgedacht	nachdenken
	lernen
	leben
	besuchen
	diskutieren
	kommen
	werden
	sich verändern

> ドイツ語の話し言葉では、過去の話をする時は一般的に現在完了形 (Perfekt) を使います。

Hilfsverb „haben" oder „sein"? Ergänzen Sie die Regel. 助動詞としての haben と sein どちらでしょうか。空欄を補ってください。

現在完了形は、多くの場合 　　　　　　　と一緒に動詞の過去分詞を使います。場所の移動、状態の変化を表す場合は、　　　　　　　を使います。

c) Ordnen Sie die Partizip-Perfekt-Formen den Verben in der Liste zu. Welches Hilfsverb passt? **Markieren Sie.** 動詞の過去分詞の形をリストに入れてみましょう。どの形が合うでしょうか。マークしてください。

Infinitiv	Partizip Perfekt	Perfekt mit haben	sein
aufstehen	_____		
fliegen	_____		
einkaufen	_____		
essen	_____		
mitfahren	_____		
kaufen	*gekauft*	✓	
machen	_____		
studieren	_____		
bekommen	_____		
vergessen	_____		
erklären	_____		

geflogen
vergessen
aufgestanden
~~gekauft~~
gegessen
studiert
mitgefahren
bekommen
eingekauft
gemacht
erklärt

d) Welche Partizip-Perfekt-Formen gehören in eine Gruppe? Ordnen Sie zu. Ergänzen Sie weitere **Verbformen.** どの過去分詞の形が同じでしょうか。表に書き入れて並べてみましょう。他の動詞の形も補ってください。

ge...t	ge...en	...ge...t	...ge...en	be/er/ver/ ent...t	be/er/ver/ ent...en	...iert
gekauft			*mitgefahren*		*bekommen*	

過去分詞は ge–t となる場合と ge–en となる場合があります。
be-, er- , ge-, ver- などの非分離前綴りがつく動詞、-ieren で終わる動詞は過去分詞に ge- がつきません。 分離動詞の場合は、前綴りと基礎動詞の間に ge- を置きます。

e) Wo stehen die Verben im Satz? **Markieren Sie.** 動詞は文中のどこにありますか。マークしてみましょう。

1. Natürlich habe ich auch in Deutschland Hausaufgaben gemacht.
2. Wir haben nicht so systematisch und effektiv gelernt.

„Position 2" oder „am Ende"? **Ergänzen Sie die Regel.** 「2番目」と「文末」のどちらでしょうか。補ってみましょう。

助動詞としての „haben" や „sein" は ¡、主文の中、そして W（Was, Wer, Wo, Wohin, Wie）で始まる疑問文の中では [   ] に、過去分詞は [   ] に置かれる。

f) Schauen Sie sich die Sätze aus dem Text bei 2a) an. Was ist der Infinitiv der Verben?

2a) のテキストに出てくる動詞に印をつけてください。動詞の不定形（原形）はどんな形ですか。

- Das war stressig, ... → Infinitiv: _____
- ..., aber wir hatten mehr Freiheit und Spaß. → Infinitiv: _____

g) Präteritum von „haben" und „sein": Ergänzen Sie. haben と sein の過去形です。表を補ってください。

haben

ich	*hatte*	wir	*hatten*
du		ihr	
er/es/sie	*hatte*	sie	
Sie		Sie	

sein

ich	*war*	wir	
du		ihr	*wart*
er/es/sie	*war*	sie	
Sie		Sie	

過去形と現在完了形の使い方

ドイツ語では日常的な過去の事柄について会話や SNS のメッセージを書く際、一般に現在完了形を使います。過去形はよりフォーマルな状況で使います（例：学術的な内容や法的なもの、報道テキスト、物語など）。ただし、過去形が日常会話によく使われる動詞もいくつかあります：

動詞 haben と sein: *ich hatte, ich war*

動詞 kommen, wissen etc.: *ich kam, ich wusste*

話法の助動詞 müssen, können, wollen, dürfen: *ich musste, ich konnte, ich wollte, ich durfte*

動詞 geben: *es gab*

h) Bilden Sie Sätze in der Vergangenheit. 過去の出来事として文を作ってください。

1. ich – 2012 – für ein Jahr – nach Japan – gehen. *Ich bin 2012 für .../ 2012 bin ich für ...*
2. wir – eine tolle Chemie-Lehrerin – haben.
3. im Englisch-Unterricht – wir – oft – Videos – sehen.
4. für meine Oberschule – ich – keine Prüfung – machen – müssen.
5. du – gut – in Mathe – sein?
6. meine Schwester – die internationale Schule in Düsseldorf – besuchen.
7. es – an deiner Oberschule – auch ausländische Schüler – geben?
8. ich – fast jeden Morgen – zu spät zur Schule – kommen.

i) Vergangenheit: Zeitangaben. Bitte ordnen Sie. 過去についての表現です。順番に並べてください。

vor drei Jahren   gestern   letzte Woche

2016   vor vier Monaten   kürzlich/ vor kurzem

_____ → _____ → _____ → _____

→ *kürzlich/ vor kurzem* → _____

j) Ergänzen Sie die Jahreszahlen. 下線部を補ってください。

1492: *vierzehnhundertzweiundneunzig*

1789: _____

1987: _____

2002: *zweitausendzwei*

2021: _____

Aufgabe 4

🔊
2-13

a) Kanako und Kenji machen online ein Interview mit Marvin, 20 Jahre, aus Deutschland. Hören Sie das Interview. Was ist das Thema?

Kanako と Kenji は、ドイツ出身で 20 歳の Marvin にオンラインでインタヴューをしています。
何がテーマになっているのでしょうか。

b) Was sagt Marvin? Lesen Sie die Aussagen 1-7. Markieren Sie „R" für richtig oder „F" für falsch.

Marvin は何と言っていますか。1-7 の内容を読んで、合っているものには R、違っているものには F に×印をつけてください。

1. Die Schule hat um 10 Uhr angefangen und war um 13 oder 15 Uhr zu Ende.   R F

2. In Mathe war Marvin schlecht.   R F

3. In den meisten Schulen in Deutschland gibt es keine Schuluniformen, aber in seiner Schule gab es Uniformen.   R F

4. Nach der Schule musste Marvin keine Hausaufgaben machen.   R F

5. Die große Pause in Marvins Schule hat 20 Minuten gedauert.   R F

6. Nach dem Unterricht konnten die Schüler in AGs gehen und dort zusammen Sport, Musik oder etwas anderes machen.   R F

7. In Marvins Schule gab es jedes Jahr ein Sportfest in der Schule.   R F

c) Welche Antwort passt zu welcher Frage? どの返答がどの質問と合っていますか。

1. Wann beginnt in Deutschland die Schule?

2. Warst du gut in der Schule?

3. Welches Fach hat dir am meisten Spaß gemacht?

4. Gab es sonst noch etwas Besonderes an deiner Schule?

5. Gab es an eurer Schule Uniformen?

6. Wie war es mit Hausaufgaben?

7. Gab es Pausen?

Nein, in Deutschland tragen die Schülerinnen und Schüler ganz normale Kleidung.

Also, als ich im Gymnasium war, hat die Schule fast jeden Tag um 7.45 Uhr angefangen und ging bis 13 Uhr.

Wir hatten relativ viele, finde ich.

Natürlich, nach jedem Unterricht eine kleine und kurz nach 10 Uhr eine große.

Natürlich die Sprachen, weil ich das gut konnte.

Wir hatten viele AGs, also Arbeitsgemeinschaften, zum Beispiel eine Theater-AG, eine Musik-AG oder eine Tischtennis-AG.

Na ja, die Sprachen waren OK, aber in den Naturwissenschaften und in Mathe war ich nicht so gut.

🔊 **Hören Sie das Gespräch noch einmal zur Kontrolle.** 会話を再度聴き確認してください。

d) **Erinnern Sie sich an Ihre Schulzeit und machen Sie Notizen. Berichten Sie dann in der Gruppe. Die Partner:innen können fragen.** あなたの高校時代を思い出してメモをしてください。それからグループで発表してください。発表を聴いているみなさんは質問してください。

gut/ nicht gut　　　Fächer　　Lieblingsfach　　gern/ nicht gern　　interessant/ langweilig

in der Pause　　Unterrichtsbeginn und -ende　　Hausaufgaben　　Aktivitäten nach der Schule

Lieblingslehrer:in　　　Stundenplan　　　　Wichtiges/ Unwichtiges gelernt

Prüfungen　　Besonderes an der Schule

usw.

e) **In einem Tandemprojekt berichten Sie Ihrer Partnerin/ Ihrem Partner aus Deutschland über Ihre Schulzeit. Schreiben Sie einen Text und illustrieren Sie ihn mit Fotos.** タンデムプロジェクトでドイツのパートナーに自分の高校時代について教えてあげてください。内容がわかる写真を添付してテキストを書いてみましょう。

Aufgabe 5

Die 15-jährige Katja ist für ein Jahr nach Japan gekommen und besucht hier eine Oberschule. Gestern war ihr erster Tag an der neuen Schule, und vieles war neu und ungewohnt. Sie hat ihren Freund:innen auf ihrem Japan-Blog darüber berichtet. Schreiben Sie den Text (mindestens 100 Wörter) aus Katjas Perspektive („Ich ...").

15歳のKatjaは1年間の予定で日本に来ました。今は日本の高校に通っています。昨日は日本の高校での初日でした。たくさんの事柄が新しいことばかりで不慣れでした。彼女はドイツにいる友人らに向けて、日本滞在ブログにそのことを書きました。あなたがKatjaの視点に立って（Ich...で始めてください）テキストを書いてみましょう（少なくても100語以上）。

Rückblick

Was haben Sie gelernt? Machen Sie Notizen in Ihrem Heft.
何を学びましたか。ノートにメモしましょう。

　　Wichtige Wörter（重要な単語）：

　　Wichtige Redemittel（重要な表現）：

　　Wichtige grammatikalische Strukturen（役に立つ文法）：

　　Neue, interessante Informationen / Landeskunde（新しい、興味深い情報 / 各国の事情）：

　　Sonstiges（その他）：

Vergleichen Sie mit anderen Lernenden!
他の学習者と比較してみましょう。

Lektion 11   *Welchen Sprachkurs empfiehlst du mir?*

Aufgabe 1

a) Sie möchten einen Intensiv-Sprachkurs in Deutschland, Österreich oder in der Schweiz besuchen. Überlegen Sie mit einer Partnerin/ einem Partner: Welche Informationen brauchen Sie? あなたはドイツやオーストリア、スイスのドイツ語インテンシブ・コースに参加したいと思っています。パートナーと一緒に考えてみましょう。どんな情報が必要ですか？

Sprachkurs in D/Ö/S

b) Reina möchte im Sommer für 4 Wochen einen Deutsch-Intensivkurs in Deutschland besuchen. Im Internet findet sie zwei Angebote. Vergleichen Sie die Angebote und ergänzen Sie die Tabelle. Reinaはドイツで夏に4週間の期間で開講されるドイツ語コースに参加したいと思っています。彼女はインターネットでコースを2つ見つけました。両方のコース内容を比較して、表を埋めてください。

	Angebot A	Angebot B
Wo findet der Kurs statt?		
Wann beginnt der Kurs?		
Wie viele Unterrichtsstunden hat der Kurs?		
Gibt es ein Freizeitprogramm?		
Wie viel kostet der Kurs?		
Wo kann man wohnen?		

Angebot A

INTERNATIONALER SOMMERKURS IN COTTBUS 2024
DEUTSCH LERNEN ZWISCHEN SPREEWALD UND BERLIN

Der 11. Internationale Sommerkurs für Deutsch als Fremdsprache an der Sigmund-Freud-Universität Cottbus! Jeden Sommer treffen sich bei uns um die 120 Menschen aus aller Welt und erleben einen intensiven Sprachunterricht mit professionellen Lehrer:innen sowie ein vielfältiges Rahmenprogramm.

TERMIN: 04. BIS 31. AUGUST 2024

Anreise: Sonntag. 4. August 2024 (12:00-19:00 Uhr)

Kursbeginn (Einstufungstest)**:** Montag, 5. August 2024

Kursende: Freitag, 30. August 2024

Abreise: Samstag, 31. August 2024

KURSGEBÜHR: 675,- €

In der Kursgebühr sind enthalten:

- der Sprachkurs (Niveau A1-C1) mit 80 Unterrichtsstunden im Präsenzunterricht (1 UE: 45 Minuten)
- das Unterrichtsmaterial (Lehrbuch und Kopien)
- Sprachtutorien (Aussprache-Training) am Nachmittag, Tandem-Projekt mit Japanisch lernenden Studierenden
- Freizeitprogramm inkl. 3 Tagesexkursionen (Berlin, Spreewald und Dresden).

In der Kursgebühr sind nicht enthalten:

- Kosten für Unterkunft (Studierendenwohnheim; 300,- € für die Dauer des Kurses) & Verpflegung

---

Angebot B

SCHILLER-INSTITUT HANNOVER UND MÜNCHEN: KURSE 2024

Sie möchten Ihre Deutschkenntnisse erweitern oder verbessern? Mit unserem Kurs „Deutsch Intensiv Kompakt" ist das in 2, 4 oder 6 Wochen möglich! Die Kurse beginnen jeden Montag zwischen 1. März und 30. November.

Wir bieten für Anfänger:innen und Fortgeschrittene auf den Niveaus A1 bis C2 ein kompaktes und flexibles Kursangebot in bewährter Qualität.

UNSER ANGEBOT AUF EINEN BLICK

- Kursdauer: 10, 20 oder 30 Kurstage
- pro Woche 25 Unterrichtsstunden (à 45 Min.) im Schiller-Institut
- max. Teilnehmer:innenzahl: 16
- abwechslungsreiches Kultur- und Freizeitprogramm
- Kursorte: Hannover oder München
- Kurspreis: EUR 350* pro Woche

*Für Termine im Juli und August erhöht sich der Kurspreis auf EUR 380.

Unterkunft im Gästehaus des Schiller-Instituts ist möglich (EUR 350 pro Woche; frühzeitige Reservierung notwendig)

c) Welchen Sprachkurs finden Sie besser? Warum? どちらのコースがいいと思いますか。それなぜですか。

Aufgabe 2

🔊 **a)** **Reina spricht jetzt mit ihrer deutschen Freundin Sophie. Hören Sie: Für welchen Sprachkurs**
2-14 **entscheidet sich Reina? Kreuzen Sie an.** Reina は友達の Sophie と話をしています。会話を聴いてください。Reina はどのコースに決めたのでしょうか。×印をつけてください。

A ☐   B ☐

🔊 **b)** **Hören Sie noch einmal und füllen Sie das Anmeldeformular für Reina aus.** もう一度会話を聴いて、Reina
2-14 のために申込書を埋めてあげてください。

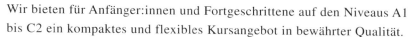

Anmeldung zum Sprachkurs

Name, Vorname: _Tanabe, Reina_____

Staatsangehörigkeit: _____

E-Mail-Adresse: _____

Handynummer: _____

Heimatanschrift: _Heimatanschrift: Konan Nishi 2-22-3 #624, Yokohama, Kanagawa 223-0001, Japan_

Geschlecht: weiblich ☐   männlich ☐   divers/anders ☐

Geburtsdatum: _____

Sprachfähigkeit: A1 ☐ A2 ☐ B1 ☐ B2 ☐ C1 ☐

c) **Lesen Sie die folgenden Sätze und markieren Sie Dativ- und Akkusativ-Objekte.** 次の会話の一部を見て、
3 格目的語と 4 格目的語それぞれの部分にマーカーで印をつけてみましょう。

- Gib mir doch mal deinen Computer, ...
- Ich muss dem Sprachkursinstitut noch ein Formular schicken ...
- Kann ich dir das Formular mal zeigen?
- Schenkst du mir einen Koffer für die Reise?

Verben mit Dativ- und Akkusativobjekt 3格と4格の目的語を取る動詞

3格を取る場合の目的語のほとんどは、受け手 (Empfängerin/Empfänger)（誰々に）

4格を取る場合の目的語のほとんどは、物事 (eine Sache)（何々を）

Beispiel: Ich schicke meiner Kollegin eine E-Mail .

d) Welche der folgenden Verben können mit einem Akkusativ- und mit einem Dativ-Objekt stehen? Kreuzen Sie an. 3格目的語と4格目的語の両方と結びつく動詞はどれでしょうか。×印をつけてください。

schicken ☐ sehen ☐ haben ☐ schreiben ☐ schlafen ☐ geben ☐ empfehlen ☐ essen ☐

e) Die unregelmäßigen Verben „empfehlen" und „geben": Ergänzen Sie die Tabelle.
不規則変化動詞 „empfehlen" と „geben" です。表を埋めてください。

	empfehlen	geben
ich		
du	empfiehlst	
er/es/sie		gibt
Sie		

	empfehlen	geben
wir		
ihr		gebt
sie		
Sie		

f) Arbeiten Sie mit einer Partnerin/ einem Partner und schreiben Sie Sätze mit den Elementen unten. Machen Sie so viele verschiedene Kombinationen wie möglich. パートナーと一緒に取り組んでください。次の各カテゴリから語彙表現を選んで文を作ってください。できる限りいろいろな組み合わせでつくってください。

Beispiel: *Ich schenke meinem Vater ein Schloss.*

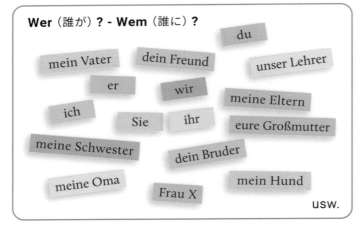

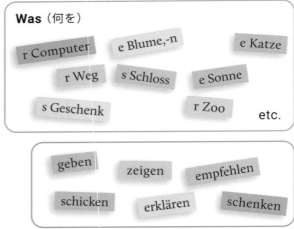

g) Machen Sie Dialoge mit einer Partnerin/ einem Partner nach dem Muster. Benutzen Sie die unterstrichenen Redemittel. 例にならってパートナと一緒に会話を作ってみましょう。下線の表現を使ってください。

● <u>Ich brauche ein Geschenk für</u> meine Lehrerin. Sie ist etwa 60 Jahre alt, ist sehr aktiv, macht gern Sport, und sie interessiert sich für japanische Kultur und Geschichte. <u>Was empfiehlst du mir?</u>

▲ <u>Schenk ihr</u> eine Stunde Aikido-Training.

● <u>Interessante Idee! Vielleicht mache ich das!</u>

Aufgabe 3

🔊 **a) Hören Sie fünf Dialoge. Welches Bild passt zu welchem Dialog?** 5つの会話を聴いてください。それぞれ、ど
の写真に合う内容でしょうか。

2-15
2-16
2-17
2-18
2-19

Dialog 1: Bild ▢   Dialog 2: Bild ▢   Dialog 3: Bild ▢   Dialog 4: Bild ▢   Dialog 5: Bild ▢

b) Lesen Sie das Transkript und kontrollieren Sie Ihre Antworten bei 3a). 今度は会話の内容を読んで、自分の
答えを 3a) を見て確認しましょう。

Dialog 1:   ● Was gibt es heute?

　　　　　　▲ Gestern habe ich hier ein spanisches Omelett gegessen.

　　　　　　● Hat es dir geschmeckt?

　　　　　　▲ Es war nicht schlecht. Vielleicht gibt es das ja heute noch einmal, dann kannst du es
　　　　　　　selbst probieren.

Dialog 2:   ● Und, wie ist dein Zimmer im Wohnheim?

　　　　　　▲ Mein Zimmer ist neben der gemeinsamen Küche, und das ist total laut.

　　　　　　● Das tut mir leid. Du solltest darüber mit der Wohnheim-Verwaltung reden.

　　　　　　▲ Guter Tipp, das mache ich. Und wie gefällt dir dein Zimmer?

　　　　　　● Mein Zimmer ist sehr ruhig. Es gefällt mir sehr gut.

Dialog 3:   ● Guck mal, ich habe mir ein neues Kleid gekauft. Was denkst du?

　　　　　　▲ Das steht dir gut. Hast du heute etwas vor?

　　　　　　● Heute nicht, aber morgen gehe ich auf eine Party. Mein Kommilitone Lars hat Geburtstag.

　　　　　　▲ Na dann viel Spaß!

Dialog 4:   ◆ Kann ich Ihnen helfen?

　　　　　　● Ja, bitte. Diese Hose ist schön, aber sie passt mir nicht. Haben Sie die in einer anderen
　　　　　　　Größe?

　　　　　　◆ Moment... ja. Ich denke, diese hier wird Ihnen besser passen.

　　　　　　● Ich danke Ihnen!

　　　　　　◆ Keine Ursache.

Dialog 5:   ▲ Wem gehört das Handy?

　　　　　　● Oh, das gehört mir! Das habe ich gerade gesucht. Danke dir!

　　　　　　▲ Gern geschehen.

c) **Lesen Sie die Dialoge bei 3b) noch einmal. Was bedeuten die Verben „gefallen", „gehören", „stehen", „schmecken" und „passen"? Ordnen Sie die Verben den Bildern zu.** 3b) の会話をもう一度読ん でください。それぞれの会話文に出てきた動詞 „gefallen", „gehören", „stehen", „schmecken", „passen" はどんな意味だと思 いますか。それぞれの動詞に合う写真とつなげてください。

1. _____   2. _____   3. _____   4. _____   5. _____

d) **Die Verben „gehören", „stehen", „gefallen", „passen" und „schmecken" haben ein Dativ-Objekt. Markieren Sie die Dativ-Objekte in den Dialogen bei 3b).** 動詞 „gehören", „stehen", „gefallen", „passen", „schmecken" は 3 格の目的語をとります。 3b) の会話文の 3 格目的語に該当する部分にマーカーで印をつけてください。

> **Beispiel:** Hat es dir geschmeckt?

e) **Ordnen Sie die Sätze den Mini-Dialogen bei 1 bis 5 zu.** 囲みの中の表現を 1-5 の会話に合うように当てはめてみ ましょう。

> Er schmeckt mir sehr gut!
>
> Das stimmt. Die passt dir nicht.
>
> Das steht dir gut!
>
> Nein, der gehört mir!
>
> Es gefällt mir ganz wunderbar!

1. ● Ich habe mir ein neues T-Shirt gekauft. Wie findest du es?

   ▲ _____

2. ● Ist das Peters Schirm?

   ▲ _____

3. ● Wie finden Sie den Kuchen?

   ▲ _____

4. ● Und hier ist Ihr neues Zimmer! Was sagen Sie dazu?

   ▲ _____

5. ● Ich glaube, diese Hose ist zu klein.

   ▲ _____

f) **Ergänzen Sie die Verben von 3c) sowie Fragewörter und Personalpronomen in der richtigen Form.** カッコ内に挙げた 3c) の動詞や疑問詞、人称代名詞を正しい形にして下線部を補ってください。

Nach dem Unterricht

● Guck mal da liegt eine Jacke. __*Wem gehört*__ (wer/ gehören) die Jacke?

▲ Vielleicht Reina? Die war gerade hier.

● Die ist doch viel zu groß für Reina. Ach, da ist Reina ja. Reina, _____ diese

   Jacke vielleicht _____ (gehören/du)?

■ Nein, die ist nicht von mir. ich bin heute ohne Jacke gekommen. Aber Ayumi hat so

   eine ähnliche Jacke. Vielleicht _____ sie _____ (gehören/ sie).

Vor der Mensa

■ Hallo Herr Knauf!

▲ Hallo Yuji, hallo Kei. Geht ihr auch in die Mensa?

● Ja. Sie auch? _____ _____ (Schmecken/ Sie) das Essen dort?

▲ Oh ja, sehr sogar! Die Nudelsuppe ist lecker. _____ es _____ (Schmecken/ ihr) etwa nicht?

●■ Es geht…

🔊 2-20 **Hören Sie und kontrollieren Sie.** この会話を聴いて確認してみましょう。

Aufgabe 4

🔊 2-21 **a)** Vor seiner Reise nach Deutschland telefoniert der japanische Student Shota Suzuki mit seinem Gastvater Herrn Nowak aus Cottbus. Hören Sie das Gespräch und markieren Sie bei 1-4 die richtige Antwort. 大学生の Shota Suzuki さんがドイツ渡航前にこれからお世話になるドイツの Cottbus にいるホストファーザーの Nowak さんと電話しています。会話を聴いて、設問 1-4 で正しい答えに印をつけてください。

1. a. Shota ist vom 3. Februar bis zum 28. Februar in Cottbus. ☐
   b. Shota ist vom 13. Februar bis zum 28. Februar in Cottbus. ☐

2. a. Der Sprachkurs findet vom 5. bis zum 27. Februar statt. ☐
   b. Der Sprachkurs findet vom 4. bis zum 26. Februar statt. ☐

3. a. Shota hat am 16. Februar Geburtstag. ☐
   b. Shota hat am 18. Februar Geburtstag. ☐

4. a. Shota fährt vom 16. bis 18. Februar nach Frankfurt. ☐
   b. Shota fährt vom 16. bis 18. Februar nach Hamburg. ☐

🔊 2-21 **b)** Hören Sie noch einmal. Wie sagt man das Datum auf Deutsch? もう一度聴いてください。ドイツ語で日付を何と表現していますか。

1. am 3. Februar: _____

2. vom 3. bis zum 27. Februar: *vom dritten bis zum siebenundzwanzigsten Februar*

3. bis zum 28. Februar: _____

4. am 16. Februar: _____

5. bis zum 18. Februar: _____

c) Schreibweise und Aussprache des Datums. Schauen Sie noch einmal 4b) an und ergänzen Sie die Regel. 日付の書き方と読み方を見てみましょう。4b) を見て、下記の空欄を補い規則を発見してみましょう。

> 序数の場合、1-19までの語尾は_____、20からの語尾は_____。序数はふつう定冠詞と一緒に使います。序数の後には名詞が続きます。ただし日付の場合は、名詞は不要で、冠詞は男性の形になります。

d) Ergänzen Sie. 下線を補ってみましょう。

1. → der/ das/ die erste ...   8. → der _____ ...   20. → der zwanzigste ...

2. → der zweite ...   10. → der _____ ...   21. → der _____ ...

3. → der dritte ...   11. → der _____ ...   37. → der _____ ...

4. → der _____ ...   16. → der sechzehnte ...   58. → der _____ ...

6. → der _____ ...   17. → der siebzehnte ...   94. → der _____ ...

7. → der siebte ...   19. → der _____ ...   100. → der/ das/ die hundertste ...

💡 日付の言い方　**der 序数 -e**
- ● Welches Datum ist heute?
- ▲ Heute ist der 1.4. (der erste April/ der erste Vierte).

～日に　**am 序数 -en**
- ● Wann kommst du zur Uni?
- ▲ Ich komme am 3. Mai (am dritten Mai) zur Uni.

～日から～日まで　**vom 序数 -en bis zum 序数 -en**
- ● Von wann bis wann bist du in München?
- ▲ Ich bin vom 7. bis zum 27. September in München.

日付の表記の仕方には 2 通りあります：13.4.2025　　13. April 2025
日付の表記には序数を使います。その場合 13.04.2025 のように数字の後に ____ をつけます。月の名前で書くこともできます。

---

e) Welches Datum ist heute? Ergänzen Sie. 下線部を埋めてください。

Beispiel: (14.7.): _Heute ist der vierzehnte Siebte._

1. (17.4.) _____   4. (27.9.) _____

2. (1.12.) _____   5. (30.3.) _____

3. (23.5.) _____   6. (29.11.) _____

---

f) Ergänzen Sie *der, am, vom* und *bis zum*. 下線部に *der, am, vom, bis zum* の表現を入れて会話を完成させましょう。

1. ● Welches Datum ist heute?
   ▲ _____ 27. Januar.

2. ● Wann kommt in Deutschland der Weihnachtsmann?
   ▲ _____ 24. Dezember.

3. ● Wie lange dauern die Ferien?
   ▲ _____ 12. Februar_____ 31. März.

4. ● Wann hast du Geburtstag?
   ▲ _____ 7. April.

5. ● Der Wievielte ist morgen?
   ▲ Morgen ist _____ 15. Juni.

g) Wer in der Klasse hat zuerst im Jahr Geburtstag, wer kommt danach? Sprechen Sie mit den anderen Kursteilnehmer:innen und machen Sie eine Schlange. ゲームです。クラスで誕生日が一番早い人は誰でしょう。その次に来るのは誰ですか。クラスメイトと話し合って、順番に並んでみましょう。

Beispiel:

● Wann hast du Geburtstag?

▲ Ich habe am 17. 4. Geburtstag. Und du?

● Ich habe am 11. 9. Geburtstag.

▲ Dann kommst du nach mir.

● Genau. Ich komme nach dir, und du bist vor mir.

Aufgabe 5

Entwerfen Sie in der Gruppe den „perfekten" Sommersprachkurs und präsentieren Sie Ihren Plan dann in der Klasse. グループで、完璧なドイツ語サマーコースプランを考えてみましょう。ディスカッションして、クラスであなたのプランを紹介してください。

- Wo findet der Kurs statt?
- Wie lange ist der Unterricht?
- Welche Freizeitaktivitäten gibt es?
- Von wann bis wann findet der Kurs statt?
- Was kann man im Unterricht lernen?
- Wo wohnen die Student:innen?

Ich finde, dass der Unterricht sehr kurz sein sollte, maximal 30 Minuten pro Tag.

Wir sollten jeden Tag im Biergarten Hausaufgaben machen.

Vielleicht können wir im Schloss Unterricht haben?

Ich möchte deutsche Hip-Hop-Lieder lernen!

Gute Idee! Das gefällt mir.

Rückblick

Was haben Sie gelernt? Machen Sie Notizen in Ihrem Heft.
何を学びましたか。ノートにメモしましょう。

    Wichtige Wörter (重要な単語):

    Wichtige Redemittel (重要な表現):

    Wichtige grammatikalische Strukturen (役に立つ文法):

    Neue, interessante Informationen / Landeskunde (新しい、興味深い情報 / 各国の事情):

    Sonstiges (その他):

Vergleichen Sie mit anderen Lernenden!
他の学習者と比較してみましょう。

Lektion 12 Wie wäre es mit Okinawa?

Aufgabe 1

a) Ordnen Sie die Wörter und Ausdrücke den Bildern zu. 写真と関連する表現を選んでください。

ein Museum/ Museen besuchen

im Wald spazieren gehen

am Strand liegen

ein Schloss/ Schlösser besichtigen

fotografieren

angeln

in den Bergen wandern

ins Theater/ ins Konzert gehen

im Meer/ im See baden

einen Felsen besteigen

Ski/ Snowboard fahren

1. _____

2. *einen Felsen besteigen*

3. _____

4. _____

5. _____

6. _____

7. _____

8. _____

9. _____

10. _____

11. _____

b) Was kann man noch auf einer Reise machen? Arbeiten Sie mit einer Partnerin/ einem Partner und machen Sie eine Liste. 旅行では何ができるでしょうか。パートナーと相談してリストを作ってください。

c) Was machen Sie gern/ nicht gern, wenn Sie verreisen? Sprechen Sie in der Gruppe. 旅で何がしたいですか。逆にしたくないことは何ですか。グループで話してください。

> Ich gehe in einer fremden Stadt gern allein spazieren. Und du?

> Ich nicht. Das finde ich gefährlich. Auf einer Reise mache ich gern ...

Aufgabe 2

🔊 2-22 **a)** Sehen Sie die Fotos an und hören Sie den Podcast „Meine fünf Lieblingsorte in Deutschland". In welcher Reihenfolge spricht man im Text über die Orte auf den Fotos? 写真を見て Podcast 番組「ドイツのベストスポット 5」を聴いてください。どの場所の写真と結びつくでしょうか。順番に並べてください。

Reihenfolge

🔊 2-22 **b)** Sehen Sie die Landkarte von Deutschland mit den Namen der fünf Orte aus dem Podcast an. Hören Sie dann den Podcast noch einmal und ergänzen Sie die Namen bei den Fotos von Aufgabe 2a). 地図を見ながら、Podcast 番組に出てきた 5 つのベストスポットを確認してください。内容をもう一度聴いて、2a) それぞれの写真に該当する名称を下線部に書き入れてください。

🔊 2-22 **c)** Lesen Sie die Aussagen 1-9. Hören Sie dann den Text noch einmal und ordnen Sie den Aussagen die passenden Orte von 2b) zu. 1-9 の各文を読んでください。それから再度内容を聴き、それぞれの場所と合う説明と結びつけてください。

1. Hier gibt es leckeres Essen aus aller Welt. _____

2. Im kalten Wasser kann man schwimmen oder windsurfen. _____

3. Es gibt hier auch interessante Museen, Schlösser, Kirchen und viel Kultur. _____

4. Die große Stadt im Süden von Deutschland ist bekannt für das Oktoberfest. _____

5. Die dramatische Landschaft mit dem grünen Wald ist einzigartig. _____

6. Das milde Wetter ist perfekt für den Weinanbau. _____

7. Ein gutes Bier kann man hier das ganze Jahr bekommen. _____

8. Hier gibt es tolle Clubs. _____

9. Die guten Wanderwege sind leicht zu finden. _____

d) Lesen Sie das Transkript des Podcasts und kontrollieren Sie Ihre Antworten. 今度は Podcast 番組のスクリプトを読んで内容を確認してください。

Hallo liebe Leute! Ihr habt mich gefragt: Wo in Deutschland ist es am besten? Und hier sind meine Antworten: Nummer 1, Berlin. Hier gibt es leckeres Essen aus aller Welt und viele kulturelle Angebote, wie z.B. Theater, Konzerte oder tolle Clubs. Berlin hat aber auch eine lange und interessante Geschichte und ihr könnt ⁵ außer der Berliner Mauer viele Museen und das alte Schloss Charlottenburg besuchen.

Als Zweites würde ich euch Sylt empfehlen. Die hübsche Insel Sylt liegt in der Nordsee und ist umgeben von blauem Meer. Man kann auf Sylt am Strand liegen, und im kühlen Wasser kann man schwimmen oder surfen. Viele reiche Leute haben ein Haus auf Sylt, deswegen gibt es hier auch teure Cafés und Restaurants, in denen man auch mal einen bekannten Star treffen kann. ¹⁰

Wer lieber wandern möchte, der sollte in die Sächsische Schweiz fahren, meine Nummer 3. In der Sächsischen Schweiz gibt es viele seltene Tiere und fantastische Aussichten. Die Landschaft mit den Felsen und dem grünen Wald ist wunderschön. Die guten Wanderwege sind leicht zu finden. Ihr dürft in der Sächsischen Schweiz auf keinen Fall die 76 m lange Basteibrücke verpassen.

Wenn ihr Deutschland ein bisschen kalt findet, dann solltet ihr zu meiner Nummer 4 fahren, dem ¹⁵ Bodensee. Das milde Wetter ist perfekt für den Weinanbau, deswegen gibt es hier sehr guten Wein. Außerdem kann man wundervolle Schifffahrten unternehmen und sehr gut segeln. Der Bodensee liegt übrigens nicht nur in Deutschland, sondern grenzt auch an die Schweiz und Österreich.

Als letztes darf München natürlich nicht fehlen. Die große Stadt im Süden von Deutschland ist weltberühmt für das Oktoberfest. Gutes Bier gibt es hier aber auch den Rest des Jahres, natürlich ²⁰ im Hofbräuhaus, aber auch in den schönen Biergärten. München hat aber nicht nur Bier. Es gibt hier auch interessante Schlösser, Museen, Kirchen und viel Kultur. Wenn ihr Ski laufen wollt, geht das auch sehr gut. Das Alpenvorland ist nur wenige Kilometer entfernt.

Deutschland kann wunderschön sein, aber das Wetter muss mitspielen!

e) Welchen der fünf Orte möchten Sie gern besuchen? Was möchten Sie dort machen?
5つのベストスポットであなたが行きたい場所はどこ？ そこで何をしたい？

● Ich möchte gerne einmal Berlin besuchen.
▲ Was möchtest du da machen?
● Dort möchte ich gerne die Berliner Mauer sehen.
▲ Warum?
● Ich interessiere mich für … und …

ich interessiere mich für … 私が興味を持っているのは … です

Aufgabe 3

a) Sehen Sie sich die blau und gelb markierten Wortgruppen bei Aufgabe 2d) an. Arbeiten Sie mit einer Partnerin/ einem Partner und überlegen Sie: Wie sind die Regeln für die Endungen von Adjektiven vor Nomen? 名詞の前に来る形容詞の形です。2d) の文章で青色と黄色でハイライトされた部分を見てください。形容詞の語尾はどうなっているか、隣の人と一緒に考えてください。

形容詞の語尾変化

- おなじみの語尾 (derの語尾) が出現していれば、形容詞につくのは -eか -en。(複数のとき、3格のとき、男性4格のときは -en、それ以外のときは -e)
- おなじみの語尾が出現していなければ、形容詞そのものにおなじみの語尾がつく。

b) Ergänzen Sie passende Adjektive aus dem Kasten in der richtigen Form. 下線部に適切な形容詞を囲みの中から選択し、正しい形にして補いましょう。

Köln ist eine _____ Stadt (ca. 1,1 Millionen Einwohner) mit einer weltweit _____ Kathedrale, dem Kölner Dom. Sie liegt im Westen von Deutschland, am längsten Fluss des Landes, dem Rhein. Außer dem Dom gibt es noch viele andere Sehenswürdigkeiten und kulturelle Angebote. Man kann eine Schifffahrt auf dem _____ Fluss (350m!)

bekannt   elegant
groß   breit
interessant   lecker
~~ruhig~~
verrückt   schlecht

machen oder ein _____ Museum besuchen, zum Beispiel das Museum Ludwig. Hier gibt es moderne und zeitgenössische Kunst zu sehen, unter anderem von Paul Klee, Andy Warhol, Paula Modersohn-Becker und Gerhard Richter. Im Café des Museum Ludwig gibt es _____ Kuchen. In den vielen _ruhigen_ Parks kann man spazieren gehen. Manchmal macht leider das _____ Wetter Probleme. Aber da kann man ja wunderbar einkaufen gehen! In den Boutiquen im „Belgischen Viertel" findet man _____ Kleidung, aber auch mal einen _____ Designer-Hut.

e Stadt; e Kathedrale; r Fluss; s Museum; s Essen; r Kuchen; e Kleidung; r Hut

Aufgabe 4

♪)) a) Kosuke und Mia planen eine Reise nach Deutschland. Wer interessiert sich eher für sportliche
2-23 **Aktivitäten, wer für kulturelle Aktivitäten? Hören Sie den Dialog und ergänzen Sie die Namen.**
Kosuke と Mia はドイツ旅行を計画しています。スポーツの活動に興味のある人は誰ですか。文化的活動に興味のある人は誰でしょうか。会話を聴いて、下線部に名前を書き入れましょう。

sportliche Aktivitäten: _____

kulturelle Aktivitäten: _____

♪)) b) Hören Sie noch einmal und beantworten Sie die Fragen. もう一度会話を聴いて答えましょう。
2-23

1. Wie lange sind Kosuke und Mia in Deutschland?

   4 Tage ☐   17 Tage ☐   9 Stunden ☐

2. Was möchte Mia dort gern machen?

   _____

3. Was möchte Kosuke gern machen?

   _____

4. In welcher Stadt übernachten sie?

   _____

◀)) **c) Hören Sie den Dialog noch einmal und lesen Sie mit. Überprüfen Sie dann Ihre Antworten bei 4a).**
2-23   会話をもう一度聴きながら、テキストを読んでください。4a) の質問をもう一度確認してください。

Kosuke: … Und dann Deutschland. Wir kommen am 14. August morgens in München an und fahren am

17. August abends nach Österreich weiter. Das sind 3 Übernachtungen. Im August soll es in

Deutschland warm und sonnig sein. Aber eigentlich weiß man das nie so genau. Was wollen wir

in Deutschland machen?

Mia: Ich liebe das Meer. Ich möchte nach Sylt fahren, da kann man windsurfen und ….

Kosuke: Du, Sylt ist mehr als 800 km von München entfernt. Da müssen wir über 9 Stunden `durch` das

ganze Land fahren! Das ist zu weit.

Mia: Na gut. Dann gehen wir eben wandern. Oder bist du auch `gegen` das Wandern? Wir könnten `um`

den Bodensee wandern. Ich kann da auch schwimmen.

Kosuke: Meer, Berge und Seen haben wir doch auch in Japan. Ich möchte Schlösser und Museen

besichtigen, aber Berlin ist auch so weit.

Mia: Dann bleibt ja nur München!

Kosuke: In der Nähe von München können wir im See baden und in den Bergen wandern. Das kann man

alles `ohne` Auto erreichen, nur mit der Bahn oder mit dem Bus.

Mia: Prima! Dann lass uns mal buchen. Ein Doppelzimmer … vom 14.8. bis 17.8. … Hier ist ein tolles

Hotel, direkt im Zentrum. Gibst du mir mal deine Kreditkarte?

Kosuke: Moment! Was soll das denn kosten?

…

d) Was bedeuten die Präpositionen „durch", „gegen", „um" und „ohne" im Dialog oben? Ordnen Sie zu.
上記の会話の中に見られる前置詞 durch, gegen, um, ohne は、それぞれどんな意味ですか。下線に当てはめてください。

durch: _____   um: _____ | ～の周り   ～を通って |
                                                          | ～なしで   ～に反対の |
gegen: _____   ohne: _____

Lesen Sie die Sätze mit den Präpositionen noch einmal: Mit welchem Kasus werden die Präpositionen benutzt? Kreuzen Sie an. これらの前置詞は、あとの名詞が何格になっていますか。該当するものに×印をつけましょう。

Nominativ（1格）☐   Akkusativ（4格）☐   Dativ（3格）☐

e) Ergänzen Sie die Präpositionen von Aufgabe 4d) und die passenden Artikel, falls nötig.
4d) の語彙から下線部に適切な前置詞と（必要であれば）冠詞を補ってください。

Wenn Sie in diese Stadt reisen, kommen Sie besser _____ _____ Auto, denn es gibt nur wenige

Parkplätze, und das Parken ist teuer. Sie können mit dem Zug anreisen, am Bahnhof ein Fahrrad leihen

und dann auf den vielen Radwegen _____ _____ Innenstadt und auch _____ _____ schönen See ganz in

der Nähe fahren. Wenn Sie _____ _____ Radfahren sind, können Sie auch den Bus nehmen.

Aufgabe 5

a) Einen Plan aushandeln. Ordnen Sie die Redemittel im Kasten in die Tabelle ein. Kennen Sie weitere Redemittel? あるプランについて皆で検討しています。使える表現を囲みの中から選んで、表に書き入れてください。他の表現も知っていますか。

Sollen wir ...? — Ich weiß nicht ... — Hast du Lust, ...? — Wie wäre es mit ...? — Das finde ich nicht so gut. — Gute Idee! — Das ist doch langweilig — Alles klar, das machen wir. — Wollen wir ...? — Wir könnten ...

einen Vorschlag machen 提案する	einen Vorschlag annehmen 提案をアクセプトする	einen Vorschlag ablehnen 提案をリジェクトする

b) Planen Sie eine Traumreise. Überlegen Sie zuerst allein und machen Sie Notizen. Diskutieren Sie dann mit einer Partnerin/ einem Partner und machen Sie gemeinsam einen Plan. Benutzen Sie bei der Diskussion die Redemittel von 5a). 夢の旅計画を立てましょう。まずは一人で考えてメモを作ってください。それからペアになって、ディスカッションしながら一緒に旅プランを立ててください。5a) の表現を使ってください。

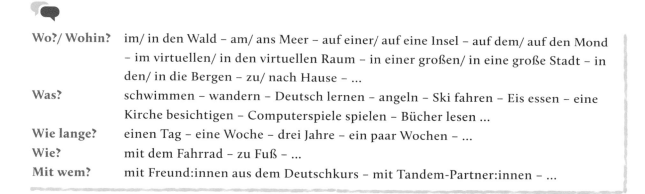

Wo?/ Wohin?	im/ in den Wald – am/ ans Meer – auf einer/ auf eine Insel – auf dem/ auf den Mond – im virtuellen/ in den virtuellen Raum – in einer großen/ in eine große Stadt – in den/ in die Bergen – zu/ nach Hause – ...
Was?	schwimmen – wandern – Deutsch lernen – angeln – Ski fahren – Eis essen – eine Kirche besichtigen – Computerspiele spielen – Bücher lesen ...
Wie lange?	einen Tag – eine Woche – drei Jahre – ein paar Wochen – ...
Wie?	mit dem Fahrrad – zu Fuß – ...
Mit wem?	mit Freund:innen aus dem Deutschkurs – mit Tandem-Partner:innen – ...

Wohin wollen wir reisen?

Wie wäre es mit Okinawa? Da können wir in einem schönen Ferienresort bleiben.

Das finde ich langweilig. Ich möchte lieber ...

...

Okay. Das machen wir!

Aufgabe 6

a) Das Wetter. Ordnen Sie die Wörter aus dem Kasten den Bildern zu.

天候に関する語彙表現です。絵に合う表現はどれですか。

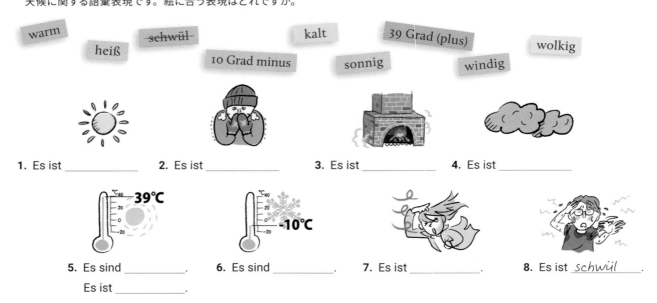

warm · heiß · ~~schwül~~ · 10 Grad minus · kalt · sonnig · 39 Grad (plus) · windig · wolkig

1. Es ist _____

2. Es ist _____

3. Es ist _____

4. Es ist _____

5. Es sind _____.

Es ist _____.

6. Es sind _____.

7. Es ist _____.

8. Es ist _schwül_ _____.

b) Ordnen Sie die Verben und Nomen den Bildern zu. 次の動詞や名詞を、合う画像に当てはめてみましょう。

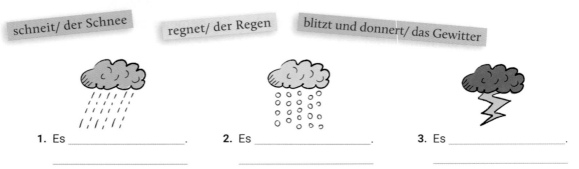

schneit/ der Schnee · regnet/ der Regen · blitzt und donnert/ das Gewitter

1. Es _____.

_____

2. Es _____.

3. Es _____.

c) Recherchieren Sie mit Ihrer Partnerin/ Ihrem Partner das Wetter an verschiedenen Orten auf der ganzen Welt und sprechen Sie darüber. Benutzen Sie das Smartphone oder den PC. パートナーと一緒に 世界の様々な地域の天気を調べて、それについて話してください。手元にあるスマートフォンや PC で調べてください。

> Wie ist das Wetter heute in Berlin, in Kauswagan (Philippinen), in Jakutsk (Russland), in Wyndham (Australien), an der Antarktis /am Südpol, auf Miyakojima, ...?

Wie ist das Wetter heute in Berlin? Regnet es?

Moment... Nein. Es ist kalt und windig bei 2 Grad minus. Heute Nachmittag schneit es.

Schnee finde ich toll!

Wie ist das Wetter heute in Kauswagan?

...

Aufgabe 7

Sie fahren morgen für drei Tage nach Österreich und kommen morgens in Wien an. Was wollen Sie in Österreich machen? Wohin wollen Sie fahren? Was wollen Sie besichtigen? Folgen Sie den Schritten unten und präsentieren Sie am Ende Ihren Plan (2-3 Präsentationsfolien).

明日から3日間、オーストリアに行くことになっています。ウィーン到着は明日です。何をしますか？ どこに行きますか？ 何を見ますか？ 以下のステップを踏んでください。最後にプランを発表してください (2, 3枚のプレゼン用スライドで)。

1. Suchen Sie mit einer Partnerin/ einem Partner im Internet, was man wo in Österreich/ Wien machen kann. Achten Sie auf die Wettervorhersage. ペアになって、オーストリアのどこに行けるのか、ウィーンで何をするのか、インターネットで調べてください。天気予報に注意しましょう。

2. Machen Sie eine Liste: Welche Aktivitäten sind Ihnen wichtig? リストをつくってください。どの活動があなたにとって大事ですか。

3. Wie werden Sie reisen? Machen Sie einen genauen Plan mit Abfahrts- und Ankunftszeiten. どうやって移動しますか？ 出発・到着時間も正確に調べてください。

Tag 1

Ankunft in Wien
Hotel „Module Superior"

(1 Nacht)

Wetter:

Nachmittags:

1. Opernhaus besichtigen
2. Sachertorte essen
3. ………

12

Tag 2

Abfahrt Wien Hauptbahnhof:
… Uhr
Ankunft …: …

4. Suchen Sie nach Übernachtungsmöglichkeiten. Achten Sie auf die Details (mit/ ohne Frühstück, Badewanne/ Dusche, Aussicht, Lage, …) 宿泊の可能性も調べてください。細かい条件（朝食付きかどうか、シャワーかバスタブありか、窓から見える景色、場所はどうか等）に気をつけて見てみましょう。

5. Stellen Sie Ihren Reiseplan in der Klasse vor. 旅コースプランをクラスで発表してください。2, 3枚程度のスライドで発表資料を作ってみましょう。

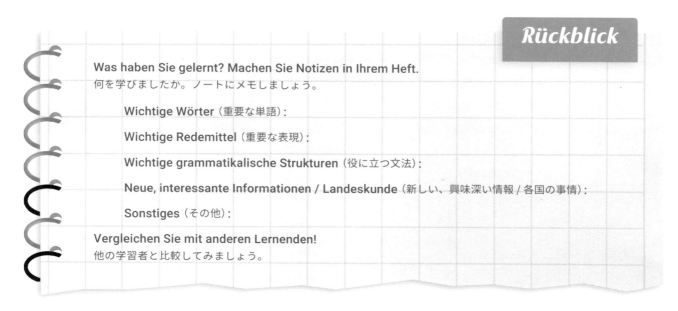

Rückblick

Was haben Sie gelernt? Machen Sie Notizen in Ihrem Heft.
何を学びましたか。ノートにメモしましょう。

Wichtige Wörter（重要な単語）：

Wichtige Redemittel（重要な表現）：

Wichtige grammatikalische Strukturen（役に立つ文法）：

Neue, interessante Informationen / Landeskunde（新しい、興味深い情報 / 各国の事情）：

Sonstiges（その他）：

Vergleichen Sie mit anderen Lernenden!
他の学習者と比較してみましょう。

Lektion 13 *Die blaue Jacke gefällt mir gut.*

Aufgabe 1

a) Was sehen Sie auf dem Foto? Was glauben Sie: Wo ist das? Was machen die Leute? Was sagen sie vielleicht? 写真に何が見えますか。これはどこでしょうか。この人たちは何をしているのでしょう。何を話していると思いますか。

b) Shoppen gehen. Sprechen Sie in der Gruppe: Gehen Sie gern Kleidung einkaufen? Warum (nicht)? Wo kaufen Sie gern ein? Wann gehen Sie normalerweise einkaufen? Wie oft? Wie lange? Mit wem? ... 買物についてグループで話してみましょう。洋服を買いに行くのは好きですか。どうしてですか（好きではないのはどうしてですか）。どこで買物するのが好きですか。ふだんはいつ買物に行きますか。どれくらいの頻度で行きますか。どれくらいの時間を費やしますか。誰と行きますか等。

🔊)) **c)** Hören Sie den Dialog von Lucy und Noah. Wer geht gern einkaufen? Wer nicht? Markieren Sie.
2-24 　　 Lucy と Noah の会話を聴いてください。買物に行くのが好きなのは誰ですか。好きではないのは誰ですか。マークを付けてください。

Lucy: ☐ gern ☐ nicht gern

Noah: ☐ gern ☐ nicht gern

d) Lesen Sie das Transkript des Hörtexts von 1c) und sehen Sie sich die markierten Komparativ-Formen an. Ergänzen Sie dann die Tabelle unten. 1c) で聴いたスクリプトを読んでください。ハイライトされた比較級の部分を見て下の表を埋めてください。

Noah: Mmh. Ehrlich gesagt gehe ich nicht so gern einkaufen, ich finde das ein bisschen langweilig. Ich gehe lieber zum Fitness-Training.

Lucy: Ach so... Ich finde, Shoppen macht Spaß, so mit Freunden. Aber ist OK, wir können auch was anderes machen. Wie wäre es mit Stand-Up-Paddling auf der Isar?

Noah: Ja, das fände ich viel lustiger als Einkaufen.

	Komparativ
gut	*besser*
gern	
lustig	
schön	*schöner*

	Komparativ
groß	*größer*
alt	
kurz	
interessant	

- 比較級の形は形容詞に -er をつけてつくります。語によっては母音がウムラウト（変音）することも あります。例：*groß-größer, kalt-kälter, warm-wärmer* etc.
  その他に不規則変化の形をもつ語もあります。例：*gut-besser, gern-lieber, viel-mehr, hoch-höher*
- ふたつの物事を比べる際は als を使います。
  例：„*Ich finde Stand-Up-Paddling lustiger als Einkaufen.*"
- 比較級の作り方は英語と異なることに注意しましょう：
  英語の場合：funny → more funny；ドイツ語の場合：lustig → lustiger (~~mehr lustig~~)

e) **Kleidung. Ordnen Sie zu.** 衣類です。合う語を画像に当てはめましょう。

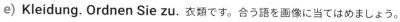

e Basecap, -s r Schal, -s Turnschuhe (Pl.) e Tasche, -n r Schuh, -e r Hoodie,- s

~~Strümpfe (Pl.)~~ r Pullover, - ~~s Kleid, -er~~ e Jacke, -n ~~r Rock, ¨-e~~

Leggings (Pl.) s Sweatshirt, -s ~~Stiefel (Pl.)~~ e Sonnenbrille,-n ~~e Hose, -n~~

A. _____

B. *der Rock*

C. _____

D. *das Kleid*

E. *die Hose*

F. *die Stiefel (Plural)*

G. _____

H. _____

I. _____

J. *die Strümpfe (Plural)*

K. _____

L. _____

M. _____

N. _____

O. _____

P. _____

f) **Adjektive: Gegenteile. Ordnen Sie die Wörter aus dem Kasten zu.** 形容詞です。囲みの中の語を表に入れて、 反対語の表を完成させましょう。

praktisch		billig	
alt		klein	
bequem		altmodisch	
weit	*eng*	lang	*kurz*
langweilig		hell	*dunkel*
schlecht		hässlich	*schön*

~~eng~~ ~~kurz~~ ~~dunkel~~ ~~schön~~
interessant/ lustig unpraktisch
teuer
neu groß
modern gut unbequem

g) Vergleichen Sie die Kleidungsstücke. それぞれの衣類を比較してください。

1. _Die Hose links ist viel enger als die Hose rechts._ .

2. _____ .

3. _____ .

4. _____ .

Aufgabe 2

a) Sehen Sie sich den Orientierungsplan eines Kaufhauses an. Was gibt es wo? Benutzen Sie die Wörter im Kasten und ergänzen Sie die Lücken. デパートの案内図をよく見てください。何がどこにありますか。囲み中の語彙を使って下線部を補ってください。

Wo gibt es …?

im Untergeschoss	~~im Erdgeschoss~~	im ersten Stock	im zweiten Stock	im dritten Stock

bei den Haushaltswaren (Pl.)
生活用品売場

bei den Schreibwaren (Pl.)
文具売場

in der Schmuck-Abteilung
装飾品コーナー

in der Lebensmittel-Abteilung
食料品コーナー

in der Abteilung für Damenbekleidung
婦人服コーナー

in der Sport-Abteilung

in der Spielwaren-Abteilung
おもちゃコーナー

1. Fußballschuhe gibt es

   _____ .

2. Gläser, Tassen und Teller findet man

   _____ .

3. Blusen und Hosen für Frauen kann man
   in der Abteilung für Damenbekleidung
   im Erdgeschoss kaufen.

4. Obst und Gemüse gibt es

   _____ .

5. Teddy-Bären bekommt man

   _____ .

Kaufhaus Beierle Schorndorf

3 Sportartikel, Fahrräder, Restaurant

2 Schreibwaren, Bücher, Haushaltswaren

1 Herren- und Kinderbekleidung, Spielwaren

E Parfüm, Schmuck, Damenbekleidung

U Lebensmittel

b) Spielen Sie einen Dialog zwischen einer Kundin/ einem Kunden und einer/ einem Kaufhaus-Angestellten: Wo ist was? 客とデパートの店員との会話をやってみましょう。どこに何がありますか。

> Entschuldigung, wo finde ich Badmintonschläger?

> Badmintonschläger bekommen Sie in der Sportartikel-Abteilung im 3. Stock.

客 : Wo finde ich …/ gibt es … /bekomme ich …?/ Haben Sie …?
店員 : … finden Sie/ … bekommen Sie …/ … gibt es …/ … haben wir …

Aufgabe 3

a) Farben auf Deutsch und Englisch. Kombinieren Sie. 色がドイツ語と英語で書かれています。組み合わせてみましょう。

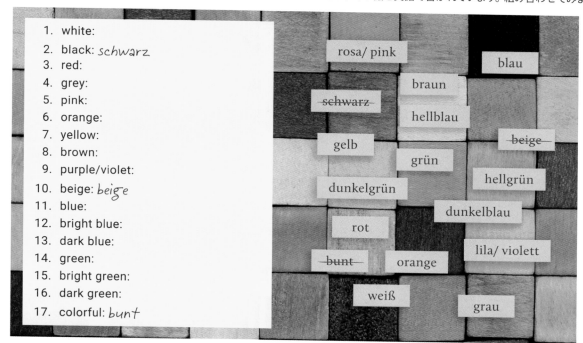

1. white:
2. black: *schwarz*
3. red:
4. grey:
5. pink:
6. orange:
7. yellow:
8. brown:
9. purple/violet:
10. beige: *beige*
11. blue:
12. bright blue:
13. dark blue:
14. green:
15. bright green:
16. dark green:
17. colorful: *bunt*

rosa/ pink · blau · braun · ~~schwarz~~ · hellblau · ~~beige~~ · gelb · grün · hellgrün · dunkelgrün · dunkelblau · rot · lila/ violett · ~~bunt~~ · orange · weiß · grau

b) Sehen Sie die Webseite eines Vintage-Shops an. Welcher Text passt zu welchem Bild?
ヴィンテージショップのサイトを見てください。写真に合う説明はどれでしょうか。

13

Zeitreise — Online Vintage für dich!

1 _____ 2 _____ 3 _____ 4 _____

5 _____ 6 _____ 7 _____ 8 _____

A Jacke, rot-blau gestreift, Größe XXL, 80% Wolle, 20% Polyester: *40 Euro*

B Jacke, schwarz, Leder, Größe 46: *89 Euro*

C Bluse lang, einfarbig beige, 60% Baumwolle, 40% Acryl, Größe 36: *29,90 Euro*

D Bluse lang, rot-gold gemustert, 100% Baumwolle, Größe 38: *45 Euro*

E Mini-Rock, 70-er Jahre, orange-rot, Größe 34, Polyester: *29 Euro*

F Kleid 50-er Jahre, lang, rot-weiß gemustert, Baumwolle, Größe XXL: *40 Euro*

ドイツ、オーストリア、スイスの衣類や靴のサイズ表示は、日本と異なります。S, M, L, XL といった表記がインターナショナルに使われることも多いです。

c) Materialien. Ordnen Sie zu. 衣類の素材です。表に対応するものを埋めてください。

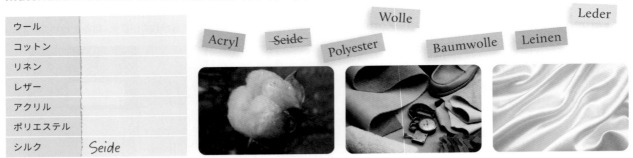

ウール	
コットン	
リネン	
レザー	
アクリル	
ポリエステル	
シルク	*Seide*

Wolle · Leder · Acryl · ~~Seide~~ · Polyester · Baumwolle · Leinen

素材についての言い方：

例）„Das Hemd ist aus Baumwolle". あるいは „Das ist ein Baumwoll-Hemd."

d) Welches Foto passt zu welchem Muster? Ordnen Sie zu. どの柄がどの語と合いますか。結びつけてみましょう。

gestreift · ~~geblümt~~ · Leopardenmuster · gepunktet · kariert

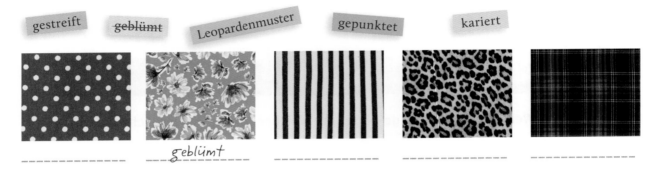

_____ ___*geblümt*___ _____ _____ _____

Aufgabe 4

a) Ergänzen Sie die Lücken im Bestellformular eines Online-Händlers. オンラインショップの注文フォーム上の空欄を補ってみましょう。

99,95 € · weiß-türkis · 07.05.2024 · ~~Fitnessschuhe~~ · EU:44 · 1

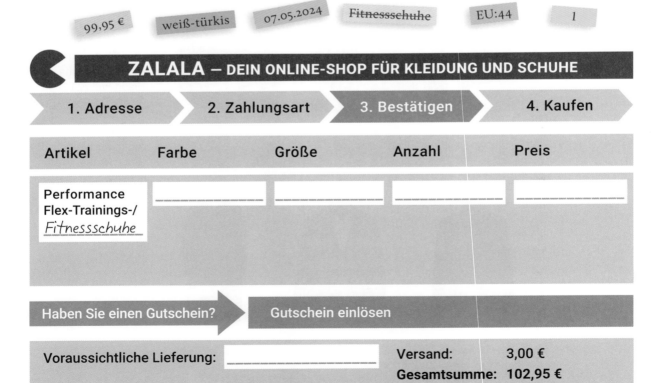

ZALALA – DEIN ONLINE-SHOP FÜR KLEIDUNG UND SCHUHE

1. Adresse → 2. Zahlungsart → 3. Bestätigen → 4. Kaufen

Artikel	Farbe	Größe	Anzahl	Preis
Performance Flex-Trainings-/ *Fitnessschuhe*	_____	_____	_____	_____

Haben Sie einen Gutschein? → Gutschein einlösen

Voraussichtliche Lieferung: _____

Versand: 3,00 €
Gesamtsumme: 102,95 €

Jetzt kaufen ➡

◀)) b) **Zwei Freundinnen unterhalten sich über die Webseite des Vintage-Shops bei Aufgabe 3b). Hören**
2-25 **Sie das Gespräch. Welches Kleidungsstück kauft die eine Frau am Ende? Kreuzen Sie an.** 二人の女性
友達が **3b)** のヴィンテージショップのサイトについて話をしています。会話を聴いてください。二人のうちの 1 人は、最終的にどの服を
買うと言っていますか。該当するものに印をつけてください。

1. die rot-weiß gemusterte Bluse ☐   2. die beige Bluse ☐   3. das schwarze Kleid ☐

c) **Welche Frage passt zu welcher Antwort? Ordnen Sie zu.** どの質問がどの答えと結びつきますか。

> Und was für eine Bluse suchst du?   Wie kann ich die bestellen?
>
> Wie findest du das?   Welche Größe ist das?   Welches meinst du?

1. ● _____   ▲ Natürlich das in Schwarz.

2. ● _____   ▲ Das ist viel zu bunt.

3. ● _____   ▲ Vielleicht eine graue.

4. ● _____   ▲ 36. Die passt dir vielleicht.

5. ● _____   ▲ Ich glaube, du musst hier klicken.

◀)) Hören Sie das Gespräch noch einmal zur Kontrolle. 会話をもう一度聴いて確認しましょう。
2-25

> 💬
> **Welches** Kleid möchtest du? – **Das** (Kleid) hier.
> **Was für einen** Rock möchtest du? – **Einen** Rock aus Wolle.
> Frage: *Welch-* → Antwort: *der/ das/ die* etc.
> Frage: *Was für ein/ eine/ einen ...* → Antwort: *ein/ eine/ einen* etc.

d) **Ergänzen Sie Fragen und Antworten. Benutzen Sie bei den Fragen *Welch-* oder Was für *ein/ eine/***
einen ... 次の質問と答えの文を完成させてください。質問文には *Welch-* や Was für *ein/ eine/ einen ...* を使ってください。

1. ● *Welche Bluse möchtest du?* _____
   ▲ Ich möchte die blaue Bluse hier.

2. ● _____
   ▲ Am liebsten möchte ich ein Kleid in Leopardenmuster.

3. ● _____
   ▲ Die Lederstiefel gefallen mir gut.

4. ● _____
   ▲ Er möchte einen Wollschal zum Geburtstag.

5. ● _____
   ▲ Die gepunktete Krawatte finde ich am besten.

6. ● Welches T-Shirt kaufst du?
   ▲ _____

7. ● Was für Schuhe suchst du?
   ▲ _____

e) Wie finden Sie die Kleidung auf der Webseite bei Aufgabe 3b)? Welche Kleidungsstücke gefallen Ihnen, welche nicht? Warum? Tragen Sie auch Vintage-Kleidung? Warum (nicht)? Kaufen Sie Kleidung auch online? Sprechen Sie in der Gruppe. 3b) のサイトで見た衣服をどう思いますか。あなたが好きな服はどれですか。好きではない服はどれですか。それはなぜですか。あなた自身もヴィンテージものを着たりしますか。なぜですか。（あるいは、なぜ着ないのですか。）あなたもオンラインで服を買いますか。グループ内で話しましょう。

> Frage: *Wie findest du ...? Wie gefällt dir ...?*
> Antwort: *... finde ich (nicht) .../... gefällt mir (nicht).*
>   *Der/ Die/ Das ist (zu) ...*
>   *Ich trage (nicht) gern Vintage-Kleidung, denn ...*

Aufgabe 5

Schreiben Sie einen Text über Ihr Lieblingskleidungsstück.
あなたの好きな服についてテキストを書いてみましょう。

Beschreiben Sie das Kleidungsstück möglichst genau:

- Farbe/ Material/ Muster
- Wo und wann gekauft?
- Warum „Ihr" Lieblingsstück?

Lesen Sie dann den Text in der Gruppe vor. Die Partner:innen hören zu und zeichnen das Kleidungsstück. Am Ende zeigen Sie zum Vergleich das reale Kleidungsstück oder ein Foto davon.

その服について、できるだけ正確に描写してください:色、素材、柄は？どこで、いつ、その服を買ったのですか？どうしてそれが「私の」お気に入りの服なのですか？出来上がったら、グループ内で発表してみましょう。聞き手のパートナーは、それをよく聴いて、服を描いてみましょう。最後に、本物の服あるいは写真の服を見せて、絵と比べてみましょう。

Aufgabe 6

🔊 **a)** Lesen Sie den Text von der Webseite der Firma *Zeitreise*. Was bedeuten die markierten Wörter im
2-26   Text auf Englisch? Ordnen Sie die Wörter in der Tabelle zu. 旅行社「*Zeitreise*」のサイトにあるテキストを読んでください。テキストのハイライトされた語は、英語で何と言うでしょうか。表の語彙を組み合わせてみましょう。

***Zeitreise* - Wir lieben Mode und unseren Planeten**

Wir von *Zeitreise* wollen einen Kompromiss zwischen schöner Mode und einem nachhaltigen Lebensstil. Unser Weg dorthin: Second-Hand- und Vintage-Kleidung. Nachhaltigkeit statt Fast-Fashion. Das ist das Ziel unserer Arbeit, und das sollte das Ideal unserer Generation sein. Wir sind ein junges Team und eine noch jüngere Firma aus Frankfurt: Kreative, Designer:innen, Digital Natives und Mode-Fanatiker:innen. Wir glauben, dass schöne, coole Mode nicht immer neu sein muss. Wir verkaufen Second-Hand- und Vintage-Mode und sparen Ressourcen, weil wir keine ₅ neue Kleidung produzieren müssen. So brechen wir den Teufelskreis der Fast-Fashion-Industrie.

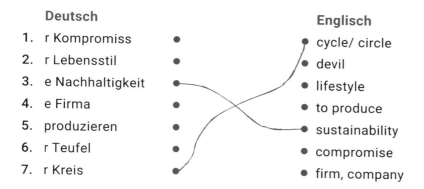

Deutsch			Englisch
1. r Kompromiss	•	•	cycle/ circle
2. r Lebensstil	•	•	devil
3. e Nachhaltigkeit	•	•	lifestyle
4. e Firma	•	•	to produce
5. produzieren	•	•	sustainability
6. r Teufel	•	•	compromise
7. r Kreis	•	•	firm, company

b) **Fragen zum Text:** テキストについての質問です：

1. Was ist das Ziel der Firma *Zeitreise*?

2. Wer arbeitet bei der Firma?

3. Wie kann die Firma Ressourcen sparen?

c) **Sprechen Sie in der Gruppe: Ist Nachhaltigkeit wichtig für Sie? Kaufen Sie nachhaltige Produkte? Wenn ja, welche?** グループ内で話してみましょう。あなたにとって商品の持続可能性（サステナビリティー）は大切ですか。あなたは持続可能性の高い商品を買いますか。もし買うとしたら、何を買いますか。

13

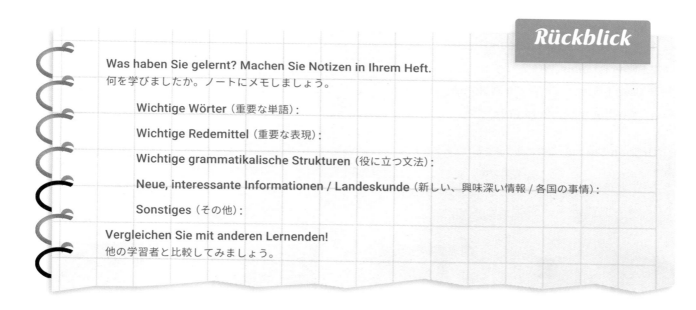

Rückblick

Was haben Sie gelernt? Machen Sie Notizen in Ihrem Heft.
何を学びましたか。ノートにメモしましょう。

Wichtige Wörter（重要な単語）：

Wichtige Redemittel（重要な表現）：

Wichtige grammatikalische Strukturen（役に立つ文法）：

Neue, interessante Informationen / Landeskunde（新しい、興味深い情報 / 各国の事情）：

Sonstiges（その他）：

Vergleichen Sie mit anderen Lernenden!
他の学習者と比較してみましょう。

Lektion 14 *Wohnst du noch bei deinen Eltern?*

Aufgabe 1

a) **Welche Wörter fallen Ihnen zum Thema „Wohnen" ein (Nomen, Verben und Adjektive)?** Wohnenをテーマとして、どんな言葉を連想しますか（名詞、動詞、形容詞）。

Wohnen

🔊 2-27 b) **Sehen Sie die Bilder an und hören Sie das Gespräch von Ariane und Hajime. Über welche Wohnung sprechen sie?** 次の図を見て、Ariane と Hajime の会話を聴いてください。どの住居の話をしているのでしょうか。

🔊 2-27 c) **Hören Sie den Text noch einmal und beantworten Sie die Fragen 1-4.** もう一度聴いて、1-4 の質問に答えてください。

1. Wer sucht eine Wohnung? _____

2. Was ist eine „WG"? _____

3. Wie findet Hajime die Wohnung? Warum? _____

4. Wie hoch ist die Miete? _____

e Miete 家賃

d) **Ordnen Sie zu.** 画像に合う語を入れてみましょう。

r Flur/ r Korridor r Balkon s Arbeitszimmer s Bad/ s Badezimmer e Küche
e Terrasse s Kinderzimmer
s Wohnzimmer japanisches Zimmer e Toilette s Schlafzimmer r Keller

Aufgabe 2

a) **Thema Wohnen: Was glauben Sie, welche Ähnlichkeiten und Unterschiede gibt es zwischen Japan und Deutschland, Österreich oder der Schweiz (Wohnungsgröße, Funktion der Zimmer, Miete etc.)? Sprechen Sie in der Gruppe.** 日本とドイツ、オーストリア、スイスの住まい（住居の大きさ、部屋の機能性、家賃など）について、どんな類似点・相違点があると思いますか。グループ内で話してみましょう。

> *Ich glaube, die Wohnungen in Deutschland sind …*

> *Vielleicht haben die Wohnungen …*

b) **Ordnen Sie zu.**
画像に合う語を入れてみましょう。

e Single-Wohnung

e WG

e Zweizimmerwohnung

s Mehrfamilienhaus

s Studierendenwohnheim

s Einfamilienhaus

1

2

3

4

5

6

🔊 2-28 c) **Lesen Sie den Text und beantworten Sie die Fragen 1-4.** テキストを読んで 1-4 の質問に答えてください。

Wohnen in Deutschland

Viele Menschen in Deutschland wohnen in Einfamilienhäusern, aber die Mehrheit wohnt in einer Wohnung, und zwar zur Miete. 3ZKB ist der Code einer traditionellen Familienwohnung in Deutschland, also drei Zimmer plus Küche und Bad. Ein zweites B am Ende bedeutet ein Stück Luxus: Dann hat die Wohnung auch einen Balkon. Aber heute wohnen viele Menschen auch allein, mit Partner:in, mit Freund:innen in einer WG – und oft mit Haustieren. In großen Städten wie Berlin, Hamburg oder Köln 5 existieren viele Formen des Wohnens.

Viele Deutsche sind relativ oft und gern zu Hause. Die eigene Wohnung oder das eigene Haus und die Einrichtung sind ihnen sehr wichtig. Es muss gemütlich sein, besonders das Wohnzimmer mit Sofa, Wohnzimmertisch und Fernseher. Für den individuellen Touch sorgen 10 Farben, Bilder, Fotos und Pflanzen. Außerdem spielt Helligkeit eine

große Rolle – vielleicht weil die Winter in Deutschland lang und dunkel sind? Die Wohnungen und Häuser in Deutschland sind relativ groß. Statistisch hat eine Person über 40 Quadratmeter Wohnraum für sich. Allerdings ist das Wohnen in den letzten Jahren sehr teuer geworden, und es ist manchmal auch sehr schwierig, eine neue Wohnung zu finden. Am höchsten sind 15 die Mieten in München, aber auch andere große Städte wie Frankfurt oder Stuttgart sind sehr teuer. Deshalb sind die Menschen unzufrieden, und es gibt auch immer wieder Proteste gegen hohe Mieten. Und eine eigene Wohnung oder ein eigenes Haus zu kaufen, das bleibt für die meisten Menschen heute nur ein Traum. 20

gemütlich 快適な；e Einrichtung 家具、設備

1. Wo wohnen die meisten Menschen in Deutschland?

   a. In einer Mietwohnung.

   b. In einem Einfamilienhaus.

   c. In einer WG.

2. Was ist die typische Familienwohnung?

   a. Drei Zimmer, Küche, Balkon.

   b. Drei Zimmer, Küche, Bad.

   c. Drei Zimmer, Küche, Bad, Balkon.

3. Was ist für viele Menschen in Deutschland wichtig?

   a. Dunkelheit und Größe der Wohnung.

   b. Helligkeit und Gemütlichkeit der Wohnung.

   c. Individualität und Funktionalität der Wohnung.

4. Welches Problem gibt es auf dem Wohnungsmarkt?

   a. Die Wohnungen sind teuer.

   b. Es gibt zu viele freie Wohnungen.

   c. Die Leute sind unrealistisch.

d) **Welche Informationen im Text sind neu/ interessant für Sie? Sprechen Sie in der Gruppe.** テキストの中であなたにとって新しい情報・関心のある情報はどれですか。グループで話してみましょう。

e) **Markieren Sie Adjektive und Adverbien (in allen Formen) im Lesetext und in den Fragen 1-4. Klären Sie die Bedeutung.** テキストと 1-4 の質問文中の形容詞と副詞（すべての変化形）にマーカーで印をつけてください。印をつけた部分の意味を説明してみましょう。

f) **Bilden Sie Gegensatzpaare.** 反対語のペアを作ってみましょう。

dunkel		unwichtig/ egal	
ungemütlich		unpraktisch	
typisch/ normal	*individuell*	unrealistisch	
modern		einfach	

hell   gemütlich
traditionell   ~~individuell~~
praktisch   wichtig
realistisch   schwierig

g) **Ergänzen Sie die Komparativ- und Superlativ-Formen.** 比較級と最上級の形を補ってみましょう。

	Komparativ	Superlativ
wenig		
gemütlich	*gemütlicher*	
zufrieden		*der/das/die zufriedenste ... / am zufriedensten*
modern		
schlecht		
groß	*größer*	
teuer	*teurer*	
dunkel	*dunkler*	*der/das/die dunkelste – am dunkelsten*
hoch	*höher*	
gut	*besser*	*der/das/die beste – am besten*
viel	*mehr*	
gern	*lieber*	

最上級はふつう「**der/das/die -ste ＋名詞**」のように冠詞を伴うか、または **am -sten** の形で用いられます。

例： – Das hier ist **das** höch**ste** Haus. （最上級の形容詞が名詞の前に置かれて語尾変化する）

– Das Haus hier ist **am** höch**sten**. （「... が一番 ... だ」という決まった形）

h) Ergänzen Sie passende Adjektive im Superlativ und Artikel, wenn notwendig. 下線部に合う形容詞の最上級の形や、必要に応じて冠詞を入れてください。

1. Dieses Zimmer hat nur ein kleines Fenster. Es ist _____ Zimmer in der Wohnung.

2. _____ bin ich in unserem Wohnzimmer. Ich liebe die vielen Pflanzen und Bilder. Das Wohnzimmer ist _____ Zimmer in unserem Haus.

3. In München sind die Mieten _____. Ein Ein-Zimmer-Apartment kann locker 1000 Euro pro Monat kosten.

4. _____ Architektur in Deutschland gibt es wahrscheinlich in Berlin. München ist traditioneller.

5. Viele junge Menschen möchten in einer Großstadt leben. _____ von ihnen bleiben auf dem Land.

auf dem Land 地方に

Aufgabe 3

a) Möbel und andere Dinge. Ergänzen Sie. 家具とその他の物です。囲みの語を選んで、空欄に補ってみましょう。

r Schrank, ̈e   r Stuhl, ̈e   r Fernseher, -   r Teppich, -e   r Vorhang, ̈e
r Schreibtisch, -e   r PC, -s
r Mülleimer, -   e Pflanze, -n   e Klimaanlage, -n   e Lampe, -n   e Tür -en
s Fenster, -   s Poster, -   s Bild,- er   s Bücherregal, -e
s Sofa, -s   s Bett, -en

7. der Schrank
10. das Fenster
16. der Teppich
15. der Mülleimer

b) Ordnen Sie zu. 図に合う表現を選んで入れてみましょう。

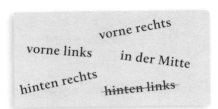

vorne rechts
vorne links   in der Mitte
hinten rechts   ~~hinten links~~

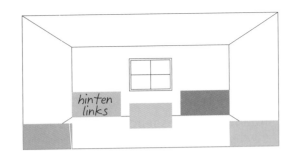

hinten links

c) Schauen Sie sich das Zimmer von 3a) an. Welche der folgenden Aussagen sind richtig? Markieren Sie „R" oder „F" 部屋をよく見てください。 どの描写が正しいですか。 内容と合っているものにRを、 合っていないものにF の印をつけてください。

1. Hinten in der Ecke steht ein brauner Schrank.　　R F
2. Zwischen dem Schrank und der Tür steht ein rotes Bücherregal.　　R F
3. In der Mitte liegt ein gestreifter Teppich.　　R F
4. Vorne rechts ist ein Sofa. Es ist braun-weiß.　　R F
5. Links neben dem Sofa steht eine Pflanze.　　R F
6. Über dem Fenster hängt eine Klimaanlage.　　R F
7. An der Wand hängen keine Bilder oder Poster.　　R F
8. Der Fernseher ist zwischen dem Schreibtisch und dem Stuhl.　　R F

d) Typisch japanisch? Was passt? Ergänzen Sie. これは典型的な日本のものですか。画像に合う語彙を選んで入れてみ ましょう。

r Wandschrank, ̈e　　r Futon, -s　　s Sitzkissen, -　　buddhistischer Hausaltar

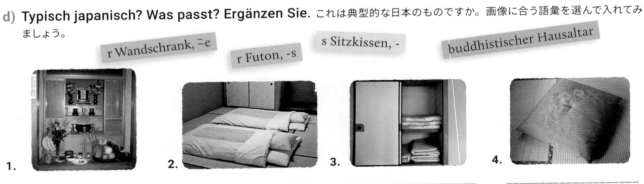

1. _____
2. _____
3. _____
4. _____

e) Wie sieht Ihr eigenes Zimmer aus (Größe, Möbel und Dinge im Zimmer)? Was ist wo im Zimmer? Was gefällt Ihnen an Ihrem Zimmer, was finden Sie nicht so gut? Sprechen Sie in der Gruppe und zeigen Sie auch Fotos. あなたの部屋はどんな部屋ですか (大きさ、家具、部屋に置いてあるものは)? 何がどこにありますか? 自分の部屋で気に入っているものは何ですか、あまりよくないと思っているのは何ですか?グループで話してみましょう。あなたの部 屋の写真も見せてください。

f) 💬

Mein Zimmer ist ... qm groß. / In meinem Zimmer gibt es.../ Ich habe in meinem Zimmer ... / Ich finde mein Zimmer ...

g) Aus welchen Einzelwörtern sind die folgenden Komposita zusammengesetzt? Ergänzen Sie. 次の語彙はどんな言葉から成り立っているでしょうか。

1. r Wohnzimmerschrank: _wohnen + s Zimmer + r Schrank_
2. r Schreibtisch: _schreiben +_____
3. altmodisch: _____
4. s Studierendenwohnheim: _____
5. s Bücherregal: _____
6. dunkelblau: _____

Schauen Sie sich die Komposita von 3g) **noch einmal an und ergänzen Sie den Text.** 3g) の合成語をもう一度見て、空欄を補ってみましょう。

合成語 Komposita について

個別の語彙が別の語彙と結びつく形を Komposita（合成語）と呼びます。いろんなタイプがあります。

例）・Nomen（名詞）+ _____ (r Kleiderschrank)

　　・Verb（動詞）+ Nomen (r Schreibtisch)

　　・Adjektiv（形容詞）+ _____ (altmodisch) など

・複数の名詞が結びつく場合、最後の名詞の性が、合成語全体の名詞の性になります。

　例）s Haus + e Tür + r Schlüssel = r Haustürschlüssel

・語と語のつなぎとして、„s", „es", „n", „e" が入ることがあります。

　例）Lampenschirm, Wohnungsmarkt

・動詞＋名詞の組み合わせは、動詞の -en や -n が落ちる場合が多いです。

　例）Schreibtisch (schreiben + r Tisch), Haltestelle (halten + e Stelle).

Aufgabe 4

🔊 2-29 **a) Ergänzen Sie die Lücken im Text mit den Wörtern im Kasten.** 囲み内の語彙を選んで下線部を補ってください。

> Wohnheim　　Distanz　　ein Viertel　　Eltern

Viele Studierende, wenige Wohnungen

Im Jahr 2003 lebte noch knapp ein Drittel der Studierenden in Deutschland allein in einer eigenen Wohnung, im Jahr 2022 waren es nur noch _____. Für diese Entwicklung gibt es mehrere Gründe: Die Situation auf dem Wohnungsmarkt ist schwierig. Zum einen gibt es immer weniger kleine bezahlbare Wohnungen. Zum anderen wächst die Zahl der Studierenden, von etwa 2 Millionen im Jahr 2003 auf fast 3 Millionen im Jahr 2021. Ein Zimmer im _____ ist zwar ₅ günstig, aber es gibt viel zu wenige und die Wartelisten sind lang. Eine Lösung des Problems: Das Teilen der Kosten mit anderen jungen Leuten in einer WG oder – wenn die _____ in der Nähe der Universität wohnen – das „Hotel Mama". Vorteil: Das Kochen, Einkaufen und Saubermachen erledigen meistens die Eltern, und oft steht auch noch ein Auto vor der Tür. Auch wenn sich viele Studierende etwas _____ wünschen, ist das Wohnen bei den Eltern ₁₀ wegen der Kosten oft die einzige Option.

---

b) Lesen Sie den Text noch einmal und markieren Sie bei Nr. 1-4 „R" für „richtig" oder „F" für „falsch". テキストをもう一度読んで、1-4 それぞれで正しいものには R を、誤ったものには F を入れてください。

1. 2022 hatten mehr Studierende in Deutschland eine eigene Wohnung als 2003.　R　F

2. Es gibt immer mehr Studierende in Deutschland.　R　F

3. Man muss in Deutschland lange auf ein WG-Zimmer warten.　R　F

4. Im „Hotel Mama" können viele Studierende das Auto der Eltern benutzen.　R　F

c) Im Text oben sind einige Nomen, die vom Infinitiv eines Verbs stammen. Suchen Sie die Nomen und ergänzen Sie die Liste. このテキストのいくつかの名詞は、動詞の不定形から成り立っています。該当する名詞を探して下記のリストを補ってください。

_das Teilen, _____

d) Überlegen Sie: Wie kann man aus einem Verb ein Nomen machen? Welchen Genus hat ein Nomen, das vom Verb stammt? どうやって動詞から名詞を作るのでしょうか。その時の名詞の性はどうなりますか。考えてみましょう。

Aufgabe 5

a) Im Einfamilienhaus oder in einem Mehrfamilienhaus wohnen – was sind Vor- und Nachteile? Machen Sie Notizen und sprechen Sie dann in der Gruppe. Benutzen Sie auch die Redemittel im Kasten. 一軒家での生活と集合住宅での生活の、それぞれの長所と短所は何でしょうか。メモに書き出してから、グループ内で話してみましょう。囲みの中の表現も使ってください。

> In einem Einfamilienhaus kann man ...
> In einer Wohnung im Mehrfamilienhaus muss man...
> ... - das ist ein Vorteil/ Nachteil, finde ich.
> ... - das ist besser/ einfacher/ schöner als ..., denke ich

🔊 2-30 **b)** Hören Sie das Gespräch zwischen Ryota und der Austauschstudentin Carina. Wo wohnt Ryota? Markieren Sie das passende Foto. Ryota と交換留学生の Carina の会話を聴いてください。Ryota はどこに住んでいますか。会話内容と合う画像に印をつけてください。

🔊 2-30 **c)** Hören Sie das Gespräch noch einmal und beantworten Sie die Fragen. 会話をもう一度聴いて、質問に答えてください。

1. In welcher Stadt wohnt Ryota? _____

2. Wie lange fährt er zur Uni? _____

3. Wer wohnt noch in dem Haus? _____

4. Wie viele Quadratmeter hat das Haus? _____

5. Hat das Haus einen Garten? _____

6. Was findet Ryota nicht so gut an dem Haus? _____

d) Gespräch über die Wohnsituation. Ergänzen Sie die Fragen zu den Antworten. 住まい事情についての会話です。質問と答えが成り立つように下線部を補ってください。

1. _____ – Ich wohne in Tachikawa.

2. _____ – Nein, ich wohne bei meinen Eltern.

3. _____ – Ziemlich weit. Es dauert etwa 20 Minuten zu Fuß bis zum Bahnhof.

4. _____ – Wir haben eine Wohnung.

5. _____ – Die Wohnung hat drei Zimmer: ein Wohnzimmer, mein Zimmer und das Schlafzimmer von meinen Eltern.

6. _____ – Sie ist nicht so groß, etwa 65 Quadratmeter.

7. _____ – Ja, wir haben einen Balkon.

8. _____ – Nein, ich finde die Wohnung nicht so gut. Sie ist zu klein, und sie ist zu weit vom Bahnhof.

e) Und wie wohnen Sie? Sprechen Sie mit einer Partnerin/ einem Partner. あなたの住まいはどうですか。パートナーと話してみましょう。

> *Wohnst du bei deinen Eltern?*

> *Nein, in einem Wohnheim. Und du?...*

Aufgabe 6

a) Haben Sie schon einmal in einem anderen Land gewohnt oder sind Sie schon einmal in ein anderes Land gereist? Was ist dort anders in Bezug auf das Wohnen? Sprechen Sie in der Gruppe. あなたは海外に住んだこと、または海外に行ったことはありますか。住まいに関して海外と日本とでは何が違いますか。グループで話してください。

b) Sie studieren ein Jahr in der Schweiz und sollen in einem Seminar an der Universität über das Thema „Wohnen in Japan" sprechen.

あなたは1年前からスイスに留学中で、大学でのゼミで「日本での暮らし」について話をすることになっています。

1. インターネットで様々な情報を調べてください（例えば:地方 / 大都市の暮らし、一軒家 / アパート暮らし、家族との暮らし、一人暮らし、パートナーとの暮らし、シニア世代 / 若者世代、大学生、賃貸住まい / 持ち家、一人当たりの住居空間、等々）。

2. 複数のスライドを用意して、発表の練習をしてください。囲みの表現も使ってください。

3. グループ内やクラスの前で発表してください。

1. Suchen Sie im Internet unterschiedliche Informationen (z.B. Wohnen auf dem Land/ in der Großstadt; im eigenen Haus/ in der Wohnung; Familien/ Singles/ Paare; ältere Leute/ jüngere Leute; Studierende; Mieten/ Eigentum; Wohnraum pro Person etc.).

2. Bereiten Sie mehrere Folien vor und üben Sie den Vortrag. Benutzen Sie auch die Redemittel unten.

3. Halten Sie Ihren Vortrag vor der Gruppe oder in der Klasse.

> Ich spreche über das Thema „...."/ In Japan gibt es .../ In Japan kann man .../ In Japan ist es normal, .../ Viele Leute in Japan .../ Einige Leute ..., andere Leute .../ Normalerweise ..., aber manchmal ... / Die meisten Japaner und Japanerinnen .../ Nur wenige Leute .../ Die jungen Leute ..., aber die älteren Japaner:innen .../ Auf dem Land ..., aber in der Stadt .../ Viele Leute finden/ meinen/ wollen/ möchten gern.../ möchten lieber...

Rückblick

Was haben Sie gelernt? Machen Sie Notizen in Ihrem Heft.
何を学びましたか。ノートにメモしましょう。

Wichtige Wörter（重要な単語）:

Wichtige Redemittel（重要な表現）:

Wichtige grammatikalische Strukturen（役に立つ文法）:

Neue, interessante Informationen / Landeskunde（新しい、興味深い情報 / 各国の事情）:

Sonstiges（その他）:

Vergleichen Sie mit anderen Lernenden!
他の学習者と比較してみましょう。

表紙・本文デザイン：mi e ru 渡辺恵
本文イラスト：駿高泰子（Yasuco Sudaka）
写真：Shutterstock.com
　　　Google Gemini

モドゥーレ 1

検印
省略

©2024 年 4 月 1 日　初版発行

著者　　　　　　藻 谷 郁 美
　　　　　　　　Andreas Meyer
　　　　　　　　太 田 達 也

執筆協力　　　　Elvira Bachmaier
　　　　　　　　Dagmar Kunst

発行者　　　　　小 川 洋一郎

発行所　　　　　株式会社　朝日出版社
　　　　　101-0065　東京都千代田区西神田 3-3-5
　　　　　電話　03-3239-0271/72（直通）
　　　　　メディアアート／図書印刷

ISBN978-4-255-25470-8 C1084
https://www.asahipress.com/